kochen & genießen

Blitzschnell gekocht

Nudelspaß

Mit vielen tollen Soßen

Makkaroni und Garnelen mit Kräutersoße

Zutaten für 4 Personen:

- 400 g Vollkorn-Makkaroni
- Salz
- 2 Knoblauchzehen
- 1 Bund Petersilie
- 3 EL Sonnenblumenkerne
- 2 EL Kürbiskerne
- 30 g Parmesan-Käse
- 5 EL Olivenöl
- schwarzer Pfeffer
- 8–10 rohe Garnelen (250 g)
- etwas Zitronensaft
- evtl. Zitronenspalten zum Garnieren

1. Makkaroni in reichlich kochendem Salzwasser ca. 12 Minuten garen.

2. In der Zwischenzeit Knoblauch schälen. Petersilie waschen, trockenschütteln und grob hacken. Mit Knoblauch und je 2 EL Sonnenblumen- und Kürbiskernen fein mahlen bzw. hacken. Käse und 4 EL Öl nach und nach unterrühren. Mit Salz und Pfeffer würzen.

3. Garnelen aus der Schale lösen, Darm entfernen. Garnelen abspülen und trockentupfen. 1 EL Öl erhitzen. Die Garnelen darin rundum ca. 4 Minuten braten. Mit Salz, Pfeffer und Zitronensaft kräftig würzen.

4. Makkaroni abgießen und mit Kräutersoße und Garnelen anrichten. Mit übrigen Sonnenblumenkernen bestreuen und evtl. mit Zitronenspalten garnieren.

Zubereitungszeit ca. 30 Min.
Pro Portion ca. 710 kcal / 2980 kJ.
E 39 g, F 29 g, KH 68 g

EXTRA-TIP

Vollkornnudeln sind etwas reicher an Ballaststoffen und B-Vitaminen als normale Nudeln. Da die Garzeiten bei den einzelnen Produkten verschieden sind, lieber auf der Packung nachlesen, wie lange die Nudeln benötigen.

Penne all' arrabbiata

Zutaten für 4 Personen:

- 2 mittelgroße Zwiebeln
- 2 Knoblauchzehen
- 1 EL Olivenöl
- 1 rote Chilischote
- 1 Packung (500 g) stückige Tomaten
- Salz
- 500 g Penne (kurze Nudeln)
- 50 g Parmesan- oder Pecorino-Käse
- 1 Prise Zucker

1. Zwiebeln und Knoblauch schälen. Zwiebeln hacken, Knoblauch in dünne Scheiben schneiden. Beides im heißen Öl goldgelb andünsten.

2. Chilischote waschen, trockentupfen. In dünne Ringe schneiden und die Kerne dabei entfernen.

3. Chili und stückige Tomaten zu den Zwiebeln geben und ca. 15 Minuten köcheln lassen. Nudeln in reichlich kochendem Salzwasser ca. 12 Minuten garen.

4. In der Zwischenzeit Käse reiben. Die Hälfte unter die Soße rühren. Mit Salz und Zucker abschmecken. Nudeln gut abtropfen lassen und sofort mit der Soße anrichten. Den übrigen Käse dazureichen.

Zubereitungszeit ca. 30 Min.
Pro Portion ca. 500 kcal / 2100 kJ.
E 15 g, F 5 g, KH 94 g

Schinken-Tortellini in Zitronensoße

Zutaten für 4 Personen:

- 1 EL Butter/Margarine
- 2 EL (20 g) Mehl
- ¼ l klare Brühe (Instant)
- 100 g Schlagsahne
- ¼ l Milch
- Salz
- 1 unbehandelte Zitrone
- weißer Pfeffer
- 2 Packungen (à 500 g) frische Tortellini (Kühlregal)
- 100 g gekochter Schinken
- ½ Töpfchen Basilikum
- 2 EL frisch gehobelter Parmesan-Käse

1. Fett erhitzen, Mehl darin anschwitzen. Mit Brühe, Sahne und Milch ablöschen. Aufkochen und ca. 10 Minuten köcheln lassen.

2. In einem großen Topf reichlich Salzwasser aufkochen. Inzwischen Zitrone waschen, trockenreiben. Die Schale abraspeln und zur Soße geben. Die Zitrone halbieren, 1 Hälfte auspressen. Die Soße mit Zitronensaft, Salz und Pfeffer abschmecken. Alles ca. 5 Minuten köcheln lassen, dabei gelegentlich umrühren.

3. Tortellini ins kochende Wasser geben und ca. 2 Minuten erhitzen. Schinken in Streifen schneiden und unter die Soße rühren. Basilikum waschen, die Blättchen abzupfen.

4. Tortellini abgießen und mit der Zitronensoße anrichten. Mit Parmesan und Basilikum bestreuen.

**Zubereitungszeit ca. 20 Min.
Pro Portion ca. 780 kcal / 3270 kJ.
E 37 g, F 32 g, KH 83 g**

Lasagnetten in Mascarpone-Creme

Zutaten für 4 Personen:

- 250 g Zuckerschoten oder 300 g TK-Erbsen
- 3 Schalotten oder 1 Zwiebel
- 1 EL Butter/Margarine
- 1 Glas (400 ml) Gemüsefond
- 400 g Lasagnetten (gewellte Bandnudeln)
- Salz
- 150 g Mascarpone oder Crème fraîche
- 2–3 EL heller Soßenbinder
- 1 Eigelb
- weißer Pfeffer
- 12 Scheiben Parmaschinken
- Petersilie zum Garnieren

1. Zuckerschoten putzen und waschen. Schalotten oder Zwiebel schälen und fein würfeln.

2. Fett erhitzen. Die Schalotten darin glasig dünsten. Zuckerschoten oder TK-Erbsen kurz mitdünsten. Mit Fond ablöschen und 4–6 Minuten garen.

3. Nudeln in reichlich kochendem Salzwasser ca. 10 Minuten garen.

4. Erbsen aus dem Fond nehmen. Mascarpone oder Crème fraîche in den Fond rühren. Soßenbinder einstreuen und aufkochen lassen. Eigelb mit wenig Soße verrühren und dann in die übrige Soße rühren (nicht mehr kochen!). Mit Salz und Pfeffer abschmecken.

5. Erbsen in der Soße kurz erhitzen. Nudeln gut abtropfen lassen und mit der Soße mischen. Mit Parmaschinken anrichten und mit Petersilie garnieren.

Zubereitungszeit ca. 30 Min.
Pro Portion ca. 730 kcal / 3060 kJ.
E 23 g, F 33 g, KH 80 g

EXTRA-TIP

Falls es in Ihrem Supermarkt keine Lasagnetten gibt, nehmen Sie Bandnudeln. Die sind genauso lecker und sehen auch sehr schön aus.

Spaghetti mit Paprika-Sugo

Zutaten für 4 Personen:

- 2 gelbe Paprikaschoten
- 1 Bund Lauchzwiebeln oder 1 Stange Porree
- 250 g magerer gekochter Schinken
- 2 EL Öl
- 1 EL Tomatenmark
- 1 Dose (850 ml) Tomaten
- 1 TL klare Brühe (Instant)
- 400 g Spaghetti
- Salz
- einige Stiele frischer oder 1 TL getrockneter Thymian
- ½–1 kleine rote Chilischote oder etwas Cayennepfeffer
- schwarzer Pfeffer
- 1 Prise Zucker

1. Paprika und Lauchzwiebeln putzen und waschen. Paprika in Stücke, Lauchzwiebeln in schmale Ringe schneiden.

2. Schinken würfeln. Öl in einer Pfanne oder einem Topf erhitzen. Schinken darin leicht anbraten. Herausnehmen. Paprika und Lauchzwiebeln im Bratfett andünsten. Tomatenmark einrühren.

3. Gemüse mit ⅛ l Wasser und Tomaten mit Saft ablöschen und aufkochen. Brühe einrühren und darin auflösen. Alles ca. 15 Minuten köcheln lassen.

4. In der Zwischenzeit Spaghetti in reichlich kochendem Salzwasser ca. 10 Minuten bißfest garen.

5. Frischen Thymian waschen und fein hacken. Thymian in die Soße geben. Schinken in den letzten 5 Minuten zugeben. Chilischote putzen, waschen, in feine Ringe schneiden und zufügen. Paprika-Sugo mit Salz, Pfeffer und Zucker abschmecken. Spaghetti gut abtropfen lassen und sofort mit der Soße anrichten.

Zubereitungszeit ca. 30 Min.
Pro Portion ca. 600 kcal / 2520 kJ.
E 29 g, F 16 g, KH 76 g

Spaghetti alla carbonara

Zutaten für 4 Personen:

- 400 g Spaghetti
- Salz
- 100 g geräucherter durchwachsener Speck
- 3 Eier
- 3 EL Schlagsahne
- schwarzer Pfeffer
- 30 g geriebener Parmesan-Käse

1. Spaghetti in reichlich kochendem Salzwasser ca. 10 Minuten garen.

2. In der Zwischenzeit Speck würfeln und in einem großen Topf knusprig auslassen. Eier, Sahne und Käse verquirlen. Mit Salz und Pfeffer würzen.

3. Nudeln abgießen und abtropfen lassen. Die Hälfte Speck herausnehmen und beiseite legen. Nudeln in die Pfanne geben, kurz schwenken. Eiersahne zugießen und schnell mit den Nudeln mischen.

4. Alles auf einer Platte anrichten. Mit restlichem Speck bestreuen und sofort servieren. Dazu paßt ein grüner Salat mit Kräutermarinade.

Zubereitungszeit ca. 25 Min.
Pro Portion ca. 620 kcal / 2600 kJ.
E 21 g, F 25 g, KH 71 g

Broccoli-Nudeln mit Käsesoße

Zutaten für 4 Personen:

- 400 g kurze dicke Nudeln (z. B. Gnocchi-Nudeln)
- Salz
- 500 g Broccoli
- 2 EL (20 g) Pinienkerne
- 75 g geräucherter durchwachsener Speck
- ½ l Milch
- 1 TL gekörnte Brühe (Instant)
- 100 g Sahne-Schmelzkäse
- weißer Pfeffer

1. Nudeln in kochendem Salzwasser ca. 15 Minuten garen. Broccoli putzen, waschen und in Röschen teilen. Dicke Stiele schälen und kleinschneiden. Broccoli nach 8 Minuten zufügen und mitgaren.

2. Pinienkerne in einer Pfanne ohne Fett goldbraun rösten und

sofort herausnehmen. Speck in kleine Würfel schneiden und in der Pfanne knusprig auslassen.

3. Milch und Brühe zugeben, Brühe auflösen und alles aufkochen. Käse darin unter Rühren schmelzen. Leicht dicklich einkochen lassen. Mit Salz und Pfeffer kräftig abschmecken.

4. Nudeln und Broccoli in einem Sieb abtropfen lassen. In den Topf zurückgeben und mit der Käsesoße mischen. Alles anrichten und mit Pinienkernen bestreuen.

**Zubereitungszeit ca. 25 Min.
Pro Portion ca. 700 kcal / 2940 kJ.
E 24 g, F 27 g, KH 81 g**

Bandnudeln mit Meeresfrüchten

Zutaten für 4 Personen:

- 2 Zwiebeln
- 2 Knoblauchzehen
- 250 g Champignons
- 400 g Bandnudeln
- Salz
- 2 EL (30 g) Öl
- 1 Packung (450 g) TK-„Frutti di mare“ (Mischung aus Shrimps, Tintenfisch und Muscheln)
- 150 ml Weißwein
- 1 Packung (500 g) stückige Tomaten
- schwarzer Pfeffer
- ½ Bund Dill
- Zitronenspalten zum Garnieren

1. Zwiebeln schälen und grob würfeln. Knoblauch schälen und durch eine Knoblauchpresse drücken oder sehr fein hacken. Champignons putzen, waschen und halbieren.

2. Nudeln in viel kochendem Salzwasser 8–10 Minuten garen. Öl erhitzen. Pilze darin anbraten. Zwiebeln und Knoblauch zufügen und mit anbraten. Meeresfrüchte zufügen und unter Wenden ca. 5 Minuten braten. Wein und Tomaten zugeben, aufkochen und ca. 5 Minuten köcheln lassen. Mit Salz und Pfeffer abschmecken.

3. Dill waschen, trockenschütteln und, bis auf einen Rest zum Garnieren, fein hacken. Nudeln gut abtropfen lassen und mit der Soße anrichten. Mit gehacktem Dill bestreuen. Mit Dillfähnchen und evtl. je 1 Zitronenspalte garnieren.

Zubereitungszeit ca. 30 Min.
Pro Portion ca. 660 kcal / 2770 kJ.
E 23 g, F 19 g, KH 88 g

EXTRA-TIP

Wenn Sie keine TK-„Frutti di mare“ bekommen, nehmen Sie 1 Packung (450 g) Tiefseekrabbenfleisch. Damit wird die Soße auch lecker und bekommt Pfiff.

Makkaroni mit Erbsen und Salami

Zutaten für 4 Personen:

- 500 g frische Erbsen oder 300 g TK-Erbsen
- 400 g Makkaroni
- Salz
- 2 Stangen (ca. 100 g) Staudensellerie
- 2 EL Butter/Margarine
- 1 gehäufter EL Mehl
- ⅜ l Milch
- 100 g Schlagsahne
- 40 g Gouda-Käse
- weißer Pfeffer
- 1 Bund Schnittlauch
- 50 g Salami

1. Erbsen enthülsen und waschen. (TK-Erbsen antauen lassen.) Nudeln in reichlich kochendem Salzwasser 12–15 Minuten garen.

2. Staudensellerie putzen, waschen und in Scheibchen schneiden. Evtl. etwas Selleriegrün zum Garnieren beiseite legen.

3. 1 EL Fett erhitzen. Sellerie und frische Erbsen mit wenig Wasser darin zugedeckt ca. 10 Minuten (TK-Erbsen nur 3 Minuten) dünsten.

4. 1 EL Fett erhitzen. Mehl darin anschwitzen. Mit Milch und Sahne ablöschen. Käse reiben und in die Soße rühren. Die Soße ca. 5 Minuten köcheln lassen. Mit Salz und Pfeffer abschmecken.

5. Nudeln gut abtropfen lassen. Schnittlauch waschen, in Röllchen schneiden. Nudeln mit Gemüse, Salami und etwas Soße anrichten. Mit Schnittlauch und evtl. Selleriegrün garnieren. Die restliche Soße dazureichen.

Zubereitungszeit ca. 30 Min.
Pro Portion ca. 710 kcal / 2980 kJ.
E 26 g, F 26 g, KH 86 g

Herzhaftes

Geschnetzeltes mit Gemüsestreifen

Zutaten für 4 Personen:

- 200 g Langkornreis
- Salz
- 4 Schweineschnitzel (à ca. 100 g)
- 5 Möhren (ca. 500 g)
- 2 Stangen Porree (ca. 600 g)
- 400 g Champignons
- 4 TL (20 g) Öl
- weißer Pfeffer
- ½ l Gemüsebrühe (Instant)
- etwas Sojasoße
- Curry
- 3 TL Speisestärke

1. Reis in ½ l kochendem Salzwasser ca. 20 Minuten garen.

2. In der Zwischenzeit Fleisch in Streifen schneiden. Gemüse putzen, waschen und ebenfalls in feine Streifen schneiden.

3. Fleisch im heißen Öl rundherum ca. 10 Minuten braten. Mit Salz und Pfeffer würzen.

4. Gemüse zugeben und kurz mitbraten. Brühe, Sojasoße, Curry und Stärke verrühren. In das Geschnetzelte rühren und einmal aufkochen. Reis abgießen und mit dem Geschnetzelten anrichten.

Zubereitungszeit ca. 25 Min.
Pro Portion ca. 540 kcal / 2260 kJ.
E 31 g, F 15 g, KH 61 g

mit Fleisch

Kurz gegart – fix serviert

Mandel-Fleischbällchen in Currysoße

Zutaten für 4 Personen:

- 1 Brötchen vom Vortag
- 1 mittelgroße Zwiebel
- 50–75 g Mandelkerne mit Haut
- 75 g Rosinen
- 500 g Rinderhackfleisch
- 1 Ei (Gr. M)
- Salz
- weißer Pfeffer
- evtl. gemahlener Kreuzkümmel
- 2 EL Öl
- 1–2 TL Curry
- ¼ l Milch
- 1 TL Gemüsebrühe (Instant)
- 3–4 EL heller Soßenbinder
- 2 EL Schmand oder Crème fraîche
- 2 TL TK-Petersilie

1. Brötchen einweichen. Zwiebel schälen und würfeln. Mandeln grob hacken. Rosinen abspülen.

2. Hack, ausgedrücktes Brötchen, Zwiebel, Ei, ein Drittel der Mandeln und Hälfte der Rosinen verkneten. Würzen und daraus 12–14 Fleischbällchen formen.

3. Öl erhitzen. Bällchen darin rundherum 8–10 Minuten braun braten. Mit Curry bestäuben. Übrige Mandeln und Rosinen zugeben. Milch und ¼ l Wasser einrühren, aufkochen. Brühe einrühren und alles ca. 5 Minuten köcheln lassen.

4. Soße mit Soßenbinder binden und mit Schmand verfeinern. Mit Salz, Pfeffer und Curry abschmecken. Petersilie darüberstreuen. Dazu schmeckt Fladenbrot oder Reis.

Zubereitungszeit ca. 30 Min.
Pro Portion ca. 560 kcal / 2350 kJ.
E 36 g, F 35 g, KH 22

EXTRA-TIP

Wenn es mal noch schneller gehen muß, nehmen Sie einfach 1–2 Packungen TK-Fleischklößchen. Die Bällchen gefroren ins heiße Öl geben und 10 Minuten braten.

Chili-Gemüse zu Bratwurst

Zutaten für 4 Personen:

- 4 gebrühte Bratwürste
- 2 EL Öl
- ½ TL Salz
- ¼ l Milch
- 1 Packung Flocken-Püree (4 Portionen; für ¾ l Flüssigkeit)
- 1 Dose (425 ml) Maiskörner
- 1 Dose (425 ml) rote Bohnen
- 2 Gewürzgurken
- 1 Zwiebel
- Cayennepfeffer
- 1–2 Chilischoten
- 2 Beutel (à 40 g) „Fix für Chili con Carne"
- 4 Stiele Petersilie
- 2 EL Butter

1. Würste einritzen und im heißen Öl rundum ca. 8 Minuten braten.

2. Inzwischen ½ l Salzwasser aufkochen. Milch zugießen. Püreepulver einrühren und 1 Minute quellen lassen.

3. Mais und Bohnen abtropfen lassen. Gurken in Scheiben schneiden. Zwiebel schälen und würfeln. Würste mit Pfeffer würzen, aus der Pfanne nehmen und warm stellen.

4. Zwiebel und Chili im Bratfett andünsten. ½ l Wasser zugießen und das „Fix für Chili con Carne" einrühren. Mais, Bohnen und Gurken zugeben und alles ca. 5 Minuten köcheln lassen.

5. Petersilie waschen, in Streifen schneiden. Butter zerlassen und die Petersilie darin schwenken. Alles anrichten. Petersilienbutter über das Püree gießen.

Zubereitungszeit ca. 20 Min.
Pro Portion ca. 750 kcal / 3150 kJ.
E 25 g, F 43 g, KH 61 g

Schweinesteak mit Rohkost & Dip

Zutaten für 4 Personen:

- 2 gelbe Paprikaschoten
- 1 Salatgurke
- 1 Staude Stangensellerie
- 2 Bund Radieschen
- 250 g Tomaten
- 1 Knoblauchzehe
- 150 g Crème fraîche
- 150 g Magermilch-Joghurt
- 2 EL TK-8-Kräuter-Mischung
- Salz
- weißer Pfeffer
- 4 Schweinesteaks (à ca. 125 g)
- evt. 1 EL Öl
- 4 EL Sonnenblumenkerne

1. Gemüse putzen und waschen. Paprika, Gurke und Sellerie in lange Stücke schneiden.

Tomaten und Radieschen, bis auf 8 Radieschen, vierteln.

2. Knoblauch schälen und fein hacken oder durch die Knoblauchpresse drücken. Mit Crème fraîche, Joghurt und Kräutern in einem Schälchen verrühren. Mit Salz und Pfeffer kräftig abschmecken.

3. Fleisch waschen und trockentupfen. In einer Grillpfanne oder in einer mit Öl ausgestrichenen beschichteten Pfanne von jeder Seite 3–4 Minuten braten. Mit Salz und Pfeffer würzen. Gemüse und Steaks auf Tellern anrichten. Sonnenblumenkerne darüberstreuen. Mit restlichen Radieschen garnieren und mit dem Knoblauch-Dip servieren.

Zubereitungszeit ca. 25 Min.
Pro Portion ca. 450 kcal / 1890 kJ.
E 34 g, F 27 g, KH 14 g

Bohnen-Tomaten-Ragout mit Wiener Würstchen

Zutaten für 3–4 Personen:

- 800 g Kartoffeln
- 4 kleine Zwiebeln
- 600 g TK-grüne-Bohnen
- ½ l Gemüsebrühe (Instant)
- 8 Tomaten
- 4–6 Wiener Würstchen
- Salz
- weißer Pfeffer
- 3–4 EL heller Soßenbinder
- 4 EL (60 g) saure Sahne

1. Kartoffeln waschen und zugedeckt in Wasser ca. 20 Minuten kochen.

2. Zwiebeln schälen und fein würfeln. Bohnen und Zwiebeln in Brühe ca. 15 Minuten kochen. Tomaten und Wurst in Scheiben schneiden. Nach 10 Minuten zugeben.

3. Mit Salz und Pfeffer kräftig abschmecken. Mit Soßenbinder binden und mit saurer Sahne verfeinern. Kartoffeln abschrecken und die Schale abziehen. Zum Bohnen-Wurst-Ragout reichen.

Zubereitungszeit ca. 30 Min.
Pro Portion ca. 370 kcal / 1550 kJ.
E 18 g, F 10 g, KH 50 g

EXTRA-TIP

Zum Ragout sind Geflügelwürstchen ebenfalls lecker. Sie sind milder als normale Würstchen und sogar fettärmer. Bei Kindern sind sie besonders beliebt.

Möhren-Kohlrabi-Gemüse mit Hackbällchen

Zutaten für 4 Personen:

- 500 g Möhren
- 2 Kohlrabi
- ⅜ l klare Brühe (Instant)
- 2 EL Öl
- 300–400 g TK-Fleischklößchen
- 300 g saure Sahne
- 2 Eigelb
- 1 EL Speisestärke
- Salz
- weißer Pfeffer
- 1 Prise Zucker
- 1 Päckchen (25 g) TK-Basilikum

1. Gemüse schälen und waschen. Kohlrabi vierteln. Möhren und Kohlrabi in Scheiben schneiden. Brühe in einem Topf aufkochen. Das Gemüse darin ca. 10 Minuten zugedeckt dünsten.

2. Öl in einer Pfanne erhitzen. Klößchen unaufgetaut aus der Packung hineingeben. Unter gele-

gentlichem Wenden bei mittlerer Hitze ca. 10 Minuten knusprig braun braten.

3. Sahne, Eigelb und Stärke mit dem Schneebesen verrühren. Mit Salz, Pfeffer und Zucker würzen.

4. Das Sahne-Gemisch unter das Gemüse rühren und aufkochen lassen. Topf vom Herd nehmen. Hackbällchen und Basilikum unterheben. Dazu schmeckt Bauernbrot.

Zubereitungszeit ca. 25 Min.
Pro Portion ca. 420 kcal / 1760 kJ.
E 18 g, F 28 g, KH 21 g

Pilz-Wurst-Ragout zu Knödeln

Zutaten für 2 Personen:

- Salz
- 1 Krakauer-Wurst (ca. 125 g)
- 1 mittelgroße Zwiebel
- 250 g frische oder
  1 Dose (425 ml) Champignons
- 1 EL Öl
- 1 Packung (125 g)
  „5-Minuten-Knödel halb und halb"
- 1 Beutel „Jäger-Soße"
  (für ¼ l Flüssigkeit)
- 1 EL (20 g) Crème fraîche
- weißer Pfeffer
- ½ Bund Petersilie

1. Reichlich Salzwasser aufkochen. Wurst in Scheiben schneiden. Zwiebel schälen und in Ringe schneiden. Frische Pilze putzen und waschen (Dosenpilze abtropfen) und evtl. halbieren.

2. Öl in einer Pfanne erhitzen. Wurst, Pilze und Zwiebel unter Wenden anbraten. Topf mit dem Salzwasser für die Knödel vom Herd ziehen. Knödel hineingeben und 5 Minuten gar ziehen lassen.

3. Soßenpulver und ¼ l kaltes Wasser gut verrühren. Pilze unter Rühren damit ablöschen und aufkochen. Crème fraîche einrühren und alles 1 Minute köcheln lassen. Mit Pfeffer abschmecken.

4. Petersilie waschen, hacken und unter das Ragout rühren. Die Knödel herausnehmen und kurz abschrecken. Die Kochbeutel

aufreißen. Pilz-Wurst-Ragout mit den Knödeln anrichten.

Zubereitungszeit ca. 25 Min.
Pro Portion ca. 540 kcal / 2260 kJ.
E 18 g, F 24 g, KH 59 g

Fleischspieße vom Grill

Zutaten für 4 Personen:

- 1 Bund frischer oder 1 TL getrockneter Thymian
- 3 Zitronen
- 2 EL Öl
- 300 g Kluftsteak
- 300 g Schweineschnitzel
- 4 Fleischtomaten
- 2 EL Butter/Margarine
- Salz
- schwarzer Pfeffer
- evtl. ⅛ l Gemüsebrühe (Instant)
- Schaschlikspieße und Alufolie

1. Für die Marinade Thymian waschen und Blättchen abzupfen. Saft von ½ Zitrone auspressen. Die restlichen Zitronen in Stücke schneiden. Thymian mit Zitronensaft und Öl verrühren.

2. Fleisch waschen, trockentupfen und in lange dünne Streifen schneiden. Das Fleisch in der Marinade ca. 10 Minuten einlegen. Tomaten waschen und waagerecht halbieren. Fett auf die Tomatenhälften verteilen. Mit Salz und Pfeffer würzen.

3. Fleisch abtropfen lassen. Zusammenfalten und abwechselnd Rind- und Schweinefleisch auf Spieße stecken. Auf dem Grill oder in einer beschichteten mit 1 EL Öl ausgestrichenen Pfanne rundherum 8–10 Minuten braten. Mit Salz und Pfeffer würzen.

4. Inzwischen Tomaten in Alufolie hüllen und ca. 3 Minuten mitgrillen. Oder in einem Topf in ⅛ l Brühe 3 Minuten (ohne Folie) dünsten. Spieße, Zitronenstückchen und Tomaten auf Tellern anrichten. Fleisch nach Belieben mit Zitronensaft beträufeln. Dazu schmeckt Knoblauchquark.

Zubereitungszeit ca. 30 Min.
Pro Portion ca. 430 kcal / 1800 kJ.
E 45 g, F 24 g, KH 6 g

Schnitzel in Pfeffersoße mit Möhren

Zutaten für 4 Personen:

- 8 große Möhren (ca. 750 g)
- 800 g Kartoffeln
- Salz
- 4 Kalbs- oder Schweineschnitzel (à ca. 125 g)
- 4 EL Öl
- schwarzer Pfeffer
- ¼ l klare Brühe (Instant)
- 1 Becher (150 g) saure Sahne
- 4 TL grüne Pfefferkörner
- 2–3 EL heller Soßenbinder
- evtl. Minze zum Garnieren

1. Möhren und Kartoffeln schälen, waschen und kleinschneiden. Oder nach Belieben mit einem Kugelausstecher Kugeln ausstechen. In Salzwasser 10–15 Minuten garen.

2. In der Zwischenzeit Schnitzel im heißen Öl 6–8 Minuten braten, würzen und herausnehmen.

3. Brühe, Sahne und Pfefferkörner in den Bratensatz rühren. Alles aufkochen. Mit Soßenbinder binden. Kräftig mit Salz und Pfeffer abschmecken. Schnitzel mit Möhren, Kartoffeln und Soße anrichten. Evtl. mit Minze garnieren.

Zubereitungszeit ca. 30 Min.
Pro Portion ca. 380 kcal / 1590 kJ.
E 29 g, F 13 g, KH 35 g

EXTRA-TIP

Mit einem Kugelausstecher lassen sich Obst und Gemüse schön zubereiten. Schneller sind Sie fertig, wenn Sie Obst oder Gemüse mit einem Messer in Stücke schneiden.

Kasseler auf Tomaten-Zucchini-Gemüse

Zutaten für 4 Personen:

- 4 Kasseler-Koteletts (à ca. 150 g)
- 2 EL Öl
- weißer Pfeffer
- evtl. Salz
- 4 mittelgroße Zwiebeln
- 1 Stück Knollensellerie (ca. 500 g)
- 500 g Zucchini
- 4 Tomaten
- 500 g Porree
- 400 ml Gemüsebrühe
- 4 gestr. TL Soßenbinder

1. Koteletts waschen und trockentupfen. Im heißen Öl von jeder Seite 2–3 Minuten braten. Mit Pfeffer und evtl. Salz würzen. Fleisch warm stellen.

2. Zwiebeln und Sellerie schälen, Zucchini, Tomaten und Porree putzen. Alles waschen und kleinschneiden. Im Bratfett anbraten. Brühe zugießen und alles ca. 10 Minuten zugedeckt garen.

3. Soßenbinder mit einem Schneebesen einrühren und aufkochen. Mit Salz und Pfeffer abschmecken. Die Kasseler-Koteletts auf dem Gemüse anrichten. Dazu schmeckt frisches Bauernbrot oder Kartoffelpüree.

Zubereitungszeit ca. 30 Min.
Pro Portion ca. 340 kcal / 1420 kJ.
E 32 g, F 16 g, KH 15 g

Kartoffeln für

Klassiker

alle Tage
preiswert & gut

Röstkartoffeln mit Kasseler und Kräuter-Quark

Zutaten für 4 Personen:

- 1 kg kleine neue Kartoffeln
- 3 EL Öl
- 400 g ausgelöstes Kasseler-Kotelett
- weißer Pfeffer
- etwas Rosmarin (frisch oder getrocknet)
- Salz
- 1 Bund Lauchzwiebeln
- 250 g Magerquark
- 150 g Dickmilch
- je 1 EL TK-Schnittlauch und -Petersilie
- evtl. frischer Rosmarin zum Garnieren

1. Kartoffeln unter kaltem Wasser kräftig abbürsten und trockentupfen. Öl in einer großen Pfanne

erhitzen. Kartoffeln darin ca. 25 Minuten unter gelegentlichem Wenden knusprig braun braten.

2. Inzwischen Kasseler waschen, trockentupfen und in Würfel schneiden. Ca. 10 Minuten vor Ende der Bratzeit zu den Kartoffeln geben und mitbraten. Mit Pfeffer, Rosmarin und leicht mit Salz würzen.

3. Lauchzwiebeln putzen, waschen und in schmale Ringe schneiden. Zum Schluß kurz mitdünsten.

4. Quark und Dickmilch glatt verrühren. Schnittlauch und Petersilie untermischen und mit Salz und Pfeffer abschmecken. Die Kartoffelpfanne evtl. mit Rosmarin garnieren. Den Kräuter-Quark dazureichen.

Zubereitungszeit ca. 30 Min.
Pro Portion ca. 470 kcal / 1970 kJ.
E 37 g, F 14 g, KH 46 g

Riesenpuffer mit Schafskäse

Zutaten für 3–4 Personen:

- 2 Lauchzwiebeln
- 750 g große festkochende Kartoffeln
- 6 EL (60 g) Öl
- Salz
- weißer Pfeffer
- 2 Eier
- geriebene Muskatnuß
- 3 mittelgroße Tomaten
- 150 g Schafs- oder Fetakäse
- ½ Bund frischer Thymian oder Schnittlauch
- 3 Stiele Petersilie

1. Lauchzwiebeln putzen, waschen und in feine Ringe schneiden. Kartoffeln schälen, waschen und grob raspeln.

2. Öl in einer großen Pfanne erhitzen und Kartoffelraspel darin unter Wenden ca. 5 Minuten braten. Mit Salz und Pfeffer würzen. Lauchzwiebeln unterheben.

3. Eier, Salz, Pfeffer und Muskat verquirlen und gleichmäßig über die Kartoffeln gießen. Bei schwacher bis mittlerer Hitze ca. 5 Minuten braten.

4. Tomaten waschen, putzen und in Scheiben schneiden. Käse ebenfalls in Scheiben schneiden. Kartoffelpuffer wenden und mit Tomaten und Schafskäse belegen. Weitere ca. 5 Minuten braten. Kräuter waschen und fein hacken. Kartoffelpuffer mit Kräutern und Pfeffer bestreuen.

Zubereitungszeit ca. 30–35 Min.
Pro Portion ca. 420 kcal / 1760 kJ.
E 14 g, F 25 g, KH 32 g

EXTRA-TIP

Zum Braten von Kartoffelpuffern eignet sich am besten eine beschichtete Pfanne. Darin setzt nichts an, selbst wenn Sie mit dem Fett etwas sparsamer umgehen.

Auflauf „Himmel und Erde“

Zutaten für 4 Personen:

- 750 g Äpfel
- ¼ l Apfelsaft
- Saft von 1 Zitrone
- 1 Päckchen Vanillin-Zucker
- 3 mittelgroße Zwiebeln
- 40 g Butter/Margarine
- 2 EL Paniermehl
- 1 Packung Kartoffel-Püree (4 Portionen; für ¾ l Flüssigkeit)
- ¼ l Milch
- Salz
- schwarzer Pfeffer
- geriebene Muskatnuß
- Fett für die Form
- 200 g Blutwurst im Ring
- ½ Bund Petersilie

1. Äpfel schälen, vierteln, entkernen und kleinschneiden. In Apfelsaft, Zitronensaft und Vanillin-Zucker zugedeckt ca. 10 Minuten köcheln lassen.

2. In der Zwischenzeit Zwiebeln schälen und in Ringe schneiden. 20 g Fett erhitzen. Zwiebeln und Paniermehl darin braun braten.

3. ½ l Wasser aufkochen. Milch zugießen. Püree einrühren und 1 Minute quellen lassen. 20 g Fett zugeben, darin schmelzen lassen. Mit Salz, Pfeffer und Muskat abschmecken. Das Apfelkompott unterrühren.

4. Kartoffel-Apfel-Mus in eine gefettete Auflaufform füllen. Wurst aus der Haut lösen, in Scheiben schneiden und darauflegen. Paniermehl und Zwiebeln darübergeben.

5. Den Auflauf im vorgeheizten Backofen (E-Herd: 200 °C / Umluft: 175 °C / Gas: Stufe 3) ca. 10 Minuten goldbraun überbacken. Petersilie waschen, hacken und darüberstreuen.

Zubereitungszeit ca. 30 Min.
Pro Portion ca. 570 kcal / 2390 kJ.
E 14 g, F 27 g, KH 65 g

Roastbeef mit Gemüse-Remoulade zu Bratkartoffeln

Zutaten für 4 Personen:

- 800 g große Kartoffeln
- 4 EL (40 g) Öl
- 50 g geräucherter durchwachsener Speck
- Salz
- weißer Pfeffer
- 1 Glas (330 g) Mixed Pickles
- 200 g Salat-Mayonnaise
- 3 EL Magermilch-Joghurt
- 250 g Roastbeef-Aufschnitt
- Petersilie zum Garnieren

1. Kartoffeln schälen, waschen und in dünne Scheiben schneiden. Öl in einer großen Pfanne erhitzen. Speck würfeln und darin ausbraten. Herausnehmen.

2. Kartoffeln im Speckfett unter Wenden ca. 20 Minuten goldbraun braten. Zuletzt mit Salz und Pfeffer kräftig würzen.

3. Mixed Pickles abtropfen lassen. Mayonnaise und Joghurt verrühren. Mixed Pickles, bis auf einige Stücke zum Garnieren, würfeln und unter die Mayonnaise rühren. Mit Salz und Pfeffer kräftig abschmecken.

4. Roastbeef, Bratkartoffeln und etwas Remoulade auf Tellern anrichten. Restliche Remoulade extra reichen. Mit den übrigen Mixed Pickles und Petersilienblättchen garnieren.

Zubereitungszeit ca. 30 Min.
Pro Portion ca. 600 kcal / 2560 kJ.
E 23 g, F 38 g, KH 37 g

Kartoffel-Wurst-Pfanne mit Majoran

Zutaten für 4 Personen:

- 1 kg kleine Kartoffeln
- 4 EL Butter/Margarine
- ½ l Gemüsebrühe (Instant)
- 2 Bund Lauchzwiebeln
- 8 mittelgroße Tomaten
- 500 g Fleischwurst
- ½ Bund frischer oder
  1 TL getrockneter Majoran
- Salz
- schwarzer Pfeffer

1. Kartoffeln gründlich waschen. Fett in einer großen Pfanne erhitzen. Kartoffeln darin unter Wenden 2 Minuten braten. Mit Brühe ablöschen und zugedeckt ca. 20 Minuten schmoren.

2. In der Zwischenzeit Lauchzwiebeln und Tomaten putzen, waschen und in Stücke schneiden. Fleischwurst aus der Haut lösen, der Länge nach vierteln und in Scheiben schneiden. Majoran waschen, die Blättchen abzupfen.

3. Gemüse und Fleischwurst ca. 10 Minuten vor Ende der Garzeit zu den Kartoffeln geben und unterheben. Mit Salz, Pfeffer und Majoran würzen und alles noch kurz durchschmoren.

Zubereitungszeit ca. 30 Min.
Pro Portion ca. 680 kcal / 2850 kJ.
E 25 g, F 40 g, KH 50 g

EXTRA-TIP

Wenn Sie für dieses Gericht kleine neue Kartoffeln nehmen, können Sie die zarte Schale mitessen. Vorher die Knollen in Wasser kräftig abbürsten oder waschen.

Gratinierte Kartoffeln mit Bacon

Zutaten für 4 Personen:

- 8 mittelgroße Kartoffeln
- Salz
- schwarzer Pfeffer
- 100 g Appenzeller-Käse
- 150 g Champignons
- 2 Zwiebeln
- 100 g gekochter Schinken
- 2 EL Butter/Margarine
- 1 Becher (125 g) Kräuter-Crème-fraîche
- 8 dünne Scheiben Bacon (Frühstücksspeck)

1. Kartoffeln gründlich waschen, der Länge nach halbieren und 15–20 Minuten in Salzwasser vorkochen.

2. In der Zwischenzeit Käse reiben. Pilze putzen, waschen und kleinschneiden. Zwiebeln schälen. Zwiebeln und Schinken würfeln. Fett erhitzen. Zwiebeln und Pilze darin anbraten. Mit Salz und Pfeffer abschmecken. 2 EL Crème fraîche unterrühren.

3. Kartoffeln aushöhlen, dabei einen 1 cm breiten Rand stehenlassen. Käse, Pilze, Schinken und Kartoffelinneres mischen. Kartoffelhälften damit füllen. Speck halbieren, auf die Kartoffeln legen und etwas andrücken.

4. Im vorgeheizten Backofen (E-Herd: 225 °C / Umluft: 200 °C/ Gas: Stufe 4) ca. 10 Minuten überbacken. Die restliche Crème fraîche daraufgeben.
Dazu schmeckt ein grüner Salat.

Zubereitungszeit 30–35 Min.
Pro Portion ca. 470 kcal / 1970 kJ.
E 18 g, F 31 g, KH 28 g

EXTRA-TIP

Zum Überbacken eignen sich auch andere Käsesorten wie Raclette-Käse oder pikanter Tilsiter. Da sie weicher sind als Appenzeller, in kleine Würfel schneiden statt reiben.

Kartoffel-Schinken-Auflauf

Zutaten für 4 Personen:

- 4 große (ca. 1 kg) Kartoffeln
- 250–350 g gekochter Schinken in dicken Scheiben
- 2 mittelgroße Zwiebeln
- 30 g Butter/Margarine
- 2 EL (ca. 30 g) Mehl
- ¼ l Milch
- 2 TL klare Brühe (Instant)
- 2 EL körniger Senf
- Salz
- weißer Pfeffer
- einige Stiele frischer oder oder 1 TL getrockneter Majoran

1. Kartoffeln schälen, waschen und je nach Größe halbieren oder vierteln. In Wasser zugedeckt 15–20 Minuten garen.

2. Inzwischen Schinken in Würfel schneiden. Zwiebeln schälen und in Spalten schneiden.

3. Fett erhitzen. Zwiebeln darin andünsten. Mehl darüberstäuben und anschwitzen. Mit ¼ l Wasser und Milch unter Rühren ablöschen und aufkochen lassen. Brühe darin auflösen. Ca. 10 Minuten köcheln lassen. Senf unterrühren. Mit Salz und Pfeffer würzen. Majoran waschen und abzupfen. Bis auf etwas zum Garnieren in die Senfsoße rühren.

4. Kartoffeln abgießen. Mit dem Schinken in eine Auflaufform schichten. Soße darübergeben. Im heißen Backofen (E-Herd: 200 °C / Umluft: 175 °C / Gas: Stufe 3) 5–10 Minuten goldbraun überbacken. Die restlichen Majoranblättchen darüberstreuen.

Zubereitungszeit 30–35 Min.
Pro Portion ca. 440 kcal / 1840 kJ.
E 30 g, F 14 g, KH 47 g

EXTRA-TIP

Probieren Sie den Auflauf auch einmal mit 1–2 Eßlöffeln süßem Senf. Der gibt der Kartoffel-Schinken-Mischung eine feine Extra-Note.

Gnocchi mit Tomaten-Pilz-Soße

Zutaten für 4 Personen:

- Salz
- 2 mittelgroße Zwiebeln
- 2 Knoblauchzehen
- 500 g Champignons
- 2 EL Butter/Margarine
- 2 Packungen (à 370 g) stückige Tomaten
- schwarzer Pfeffer
- ½ TL Zucker
- 2 Packungen (à 400 g) Gnocchi (Kartoffelklößchen) aus dem Frischepack oder Kühlregal
- je 1 Bund Schnittlauch und Petersilie

1. Reichlich Salzwasser aufkochen. Zwiebeln und Knoblauch schälen und fein würfeln. Pilze putzen, waschen und in feine Scheiben schneiden.

2. Fett in einem Topf erhitzen. Zwiebeln und Knoblauch darin glasig dünsten. Pilze zugeben und anbraten. Mit Tomaten ablöschen und aufkochen. Mit Salz, Pfeffer und Zucker abschmecken.

3. Gnocchi ins kochende Salzwasser geben und 1–2 Minuten darin gar ziehen lassen, bis sie an die Oberfläche steigen.

4. Schnittlauch waschen und fein schneiden. Petersilie waschen und fein hacken. Gnocchi gut abtropfen lassen. Mit Petersilie mischen und mit der Tomatensoße anrichten. Die Schnittlauchröllchen darüberstreuen.

Zubereitungszeit ca. 30 Min.
Pro Portion ca. 440 kcal / 1840 kJ.
E 11 g, F 8 g, KH 79 g

EXTRA-TIP

Sind Sie auf den Geschmack gekommen? Im Kühlregal des Supermarktes gibt es außer Gnocchi auch Ravioli, Tortellini und Spätzle und dazu verschiedene fertige Soßen.

Gutes mit

Putensteaks mit Tomate & Mozzarella

Zutaten für 4 Personen:

- 400 g Putenfilet oder
  4 Putenschnitzel (à 100 g)
- 2 EL Öl
- 1 Packung (175 g)
  „Kräuterbutter-Baguette"
  (aus dem Kühlregal) oder anderes
  Baguette zum Aufbacken
- 2 mittelgroße Tomaten
- 2 Packungen (à 125 g)
  Mozzarella-Käse
- ½ Töpfchen oder Bund Basilikum
- Salz
- schwarzer Pfeffer

1. Den Backofen vorheizen: (E-Herd: 180 °C / Umluft: 155 °C/ Gas: Stufe 2). Putenfilet waschen, trockentupfen und in 4 gleich dicke Scheiben schneiden. Öl in einer Pfanne erhitzen.

2. Baguette im heißen Backofen 8–10 Minuten backen. Steaks im Öl pro Seite 3–4 Minuten braten. Tomaten putzen, waschen. Mozzarella abtropfen lassen und in je 4 Scheiben schneiden.

3. Basilikum waschen, Blättchen abzupfen. Die Hälfte in Streifen schneiden. Steaks würzen, Basilikumstreifen daraufstreuen. Baguette herausnehmen. Den Ofen auf die höchste Stufe stellen.

4. Steaks mit je 2 Tomaten- und Mozzarellascheiben belegen.

Im Ofen ca. 5 Minuten gratinieren. Mit Pfeffer bestreuen und mit restlichem Basilikum garnieren. Das Kräuter-Baguette dazureichen.

Zubereitungszeit ca. 25 Min.
Pro Portion ca. 410 kcal / 1720 kJ.
E 38 g, F 19 g, KH 20 g

Geflügel

Ein saftiger Genuß

Hähnchenbrust mit Kräuter-Rahm-Nudeln

Zutaten für 4 Personen:

- 4 Hähnchenfilets (à ca. 150 g)
- 2 EL Öl
- Salz
- weißer Pfeffer
- 2–3 Knoblauchzehen
- 4 mittelgroße Zwiebeln
- 300 g Nudeln (z. B. bunte Penne)
- 200 g Schlagsahne
- 2 TL klare Brühe (Instant)
- 2–3 EL heller Soßenbinder
- 1–2 Bund gemischte Kräuter (z. B. Petersilie, Oregano und Rosmarin)
- 4 EL geriebener Parmesan-Käse

1. Filets waschen, trockentupfen. Öl erhitzen und das Fleisch darin anbraten. Mit Salz und Pfeffer würzen und bei mittlerer Hitze ca. 7 Minuten weiterbraten.

2. Knoblauch und Zwiebeln schälen und fein würfeln. Zu den Filets geben und alles ca. 3 Minuten weiterbraten.

3. Nudeln in reichlich kochendem Salzwasser ca. 10 Minuten garen. Hähnchenfilets herausnehmen und warm stellen. Bratensatz mit Sahne und ½ l Wasser ablöschen, aufkochen. Brühe darin auflösen. Mit Soßenbinder binden. Mit Salz und Pfeffer abschmecken.

4. Kräuter waschen, bis auf etwas zum Garnieren, fein hacken und in die Soße geben. Nudeln abgießen, mit der Soße mischen und alles anrichten. Mit Parmesan und den übrigen Kräutern bestreuen.

Zubereitungszeit ca. 30 Min.
Pro Portion ca. 760 kcal / 3190 kJ.
E 49 g, F 35 g, KH 58 g

Puten-Gyros mit Tomaten-Reis

Zutaten für 4 Personen:

- 2 mittelgroße Zwiebeln
- 3 EL Öl
- 200 g Langkornreis
- ⅛ l klare Brühe (Instant)
- 1 Packung (500 ml) passierte Tomaten
- ½ Salatgurke
- 2 Knoblauchzehen
- 500 g Magerquark
- 2–3 EL Milch
- Salz
- schwarzer Pfeffer
- 500 g Putenbrust
- 1–2 TL Gyros-Gewürz
- 1 rote Paprikaschote (ca. 200 g)
- 100 g TK-Erbsen
- Petersilie zum Garnieren

1. 1 Zwiebel schälen und fein würfeln. 1 EL Öl in einem Topf erhitzen. Zwiebel darin glasig dünsten. Reis zufügen und kurz andünsten. Brühe und Tomaten zugießen. Reis zugedeckt bei schwacher Hitze ca. 25 Minuten quellen lassen, dabei ab und zu umrühren.

2. Gurke waschen, abtrocknen, grob raspeln und Saft abtropfen lassen. Knoblauch schälen und fein hacken. Quark und Milch verrühren. Gurke und Knoblauch unterheben. Mit Salz und Pfeffer abschmecken und ziehen lassen.

3. Fleisch in feine Streifen schneiden und mit dem Gyros-Gewürz mischen. Die übrige Zwiebel schälen und in Ringe schneiden. Paprika putzen, waschen und kleinschneiden. 2 EL Öl erhitzen. Das Fleisch darin 5–10 Minuten unter Wenden kräftig anbraten. Zwiebeln und Paprika zufügen und alles weitere 5 Minuten braten. Mit Salz und Pfeffer würzen.

4. Erbsen 5 Minuten vor Ende der Garzeit unaufgetaut zum Reis geben. Abschmecken. Alles anrichten und mit Petersilie garnieren.

Zubereitungszeit ca. 30 Min.
Pro Portion ca. 590 kcal / 2470 kJ.
E 49 g, F 17 g, KH 56 g

Paprika-Puten-Pfanne

Zutaten für 4 Personen:

- 3 Putenschnitzel (ca. 500 g)
- 200 g Champignons
- 2 mittelgroße Zwiebeln
- 1 Knoblauchzehe
- 3 Paprikaschoten (z. B. grün, rot und gelb)
- 2–3 EL Öl
- Salz
- weißer Pfeffer
- 1–2 EL (20 g) Mehl
- 100 g Schlagsahne
- 1 EL Hühnerbrühe (Instant)
- ½ Töpfchen Basilikum
- etwas Rosmarin
- einige Spritzer Zitronensaft
- evtl. Zitronenscheiben

1. Schnitzel waschen, trockentupfen und in Würfel schneiden. Champignons putzen und waschen. Zwiebeln und Knoblauch schälen, hacken. Paprika putzen, waschen und in Stücke schneiden.

2. Öl in einer Pfanne erhitzen. Das Fleisch darin anbraten. Pilze kurz mit anbraten. Zwiebeln, Koblauch und Paprika zufügen und mit andünsten. Mit Salz und Pfeffer kräftig abschmecken.

3. Alles mit Mehl bestäuben und unter Rühren anschwitzen. ½ l Wasser und Sahne einrühren und aufkochen. Brühe darin auflösen und alles zugedeckt ca. 5 Minuten schmoren.

4. Kräuter waschen und, bis auf einige, hacken. Kräuter in die Paprika-Pfanne rühren. Mit Salz, Pfeffer und Zitronensaft pikant abschmecken. Mit übrigen Kräutern und evtl. Zitronenscheiben garnieren. Dazu schmeckt Kartoffelpüree oder Reis.

Zubereitungszeit ca. 30 Min.
Pro Portion ca. 320 kcal / 1340 kJ.
E 34 g, F 16 g, KH 7 g

EXTRA-TIP

Geflügelfleisch ist ein wahrer Fitmacher. Es enthält hochwertiges Eiweiß und hat dabei nur wenig Kalorien. 100 g Putenfleisch liefern 130 kcal.

Hähnchenkeulen auf Bouillon-Gemüse

Zutaten für 4 Personen:

- 4 Hähnchenkeulen (à ca. 200 g)
- Salz
- schwarzer Pfeffer
- 1–2 EL Öl
- 1 Lorbeerblatt
- 1 EL Gemüsebrühe (Instant)
- 800 g Kartoffeln
- 3–4 Möhren (375 g)
- 2 Stangen Porree (500 g)
- ½ Bund Petersilie

1. Keulen waschen, trockentupfen. Mit Salz und Pfeffer einreiben. Im heißen Öl von beiden Seiten kräftig anbraten. Dann bei mittlerer Hitze 20–25 Minuten weiterbraten. Zwischendurch wenden.

2. ½ l Wasser und Lorbeer aufkochen. Brühe einrühren und darin auflösen. Kartoffeln und Möhren schälen, waschen. Porree putzen und waschen. Alles kleinschneiden und in der Brühe 12–15 Minuten köcheln lassen.

3. Bouillon-Gemüse mit Pfeffer und evtl. etwas Salz abschmecken. Petersilie waschen, hacken und unterrühren. Gemüse und Kartoffeln mit Hähnchenkeulen anrichten. Mit Pfeffer bestreuen.

Zubereitungszeit ca. 30 Min.
Pro Portion ca. 560 kcal / 2340 kJ.
E 48 g, F 13 g, KH 52 g

EXTRA-TIP

Kaufen Sie Geflügel am besten frisch an der Fleischtheke des Supermarktes. Es ist meist zarter als tiefgefrorenes Geflügel, und man muß es nicht auftauen.

Tous les APÉRITIFS
Absinthe, Bitter, Amer
Byrrh, Madére, Vermouth
Cognac, Rhum ou Kirsch
Champoreau
GRANDE BRASSERIE NATIONALE
33 Rue de la République
BIÈRE le Quart.....15c
Malaga, Porto, Muscat..20c
Sirops et Liqueurs
CONSOMMATIONS
PREMIER CHOIX
Carte des Vins
Vins Blancs

Putenfilet auf Aprikosen-Lauch-Gemüse

Zutaten für 4 Personen:

- 200 g Langkornreis
- Salz
- 1 Dose (425 ml) Aprikosen
- 3 Stangen (750 g) Porree oder 3 Bund Lauchzwiebeln
- 500 g Putenfilet oder -schnitzel
- 2 EL Öl
- weißer Pfeffer
- 400 ml Hühnerbrühe (Instant)
- 1–2 EL heller Soßenbinder
- 2 TL grüner Pfeffer (Glas)
- 3 Stiele Petersilie

1. Reis in ca. ½ l kochendes Salzwasser geben und zugedeckt 20–25 Minuten ausquellen lassen.

2. Inzwischen Aprikosen abtropfen lassen, Saft auffangen und die Früchte grob würfeln. Porree oder Lauchzwiebeln putzen, waschen und in Ringe schneiden.

3. Fleisch waschen und trockentupfen. In dicke Scheiben schneiden und evtl. halbieren. Im heißen Öl von jeder Seite 3–4 Minuten goldbraun braten. Würzen und herausnehmen.

4. Porree im Bratfett ca. 5 Minuten andünsten. Aprikosen unterrühren. Mit Brühe und 8 EL Aprikosensaft ablöschen und alles aufkochen. Soßenbinder einrühren und aufkochen. Pfefferkörner zufügen. Mit Salz abschmecken.

5. Fleisch auf dem Gemüse kurz erhitzen. Reis abtropfen lassen. Petersilie waschen, hacken und untermischen. Alles anrichten.

Zubereitungszeit ca. 30 Min.
Pro Portion ca. 560 kcal / 2340 kJ.
E 37 g, F 8 g, KH 74 g

Hähnchen-Ragout in Basilikum-Sahne

Zutaten für 4 Personen:

- 3 Hähnchenfilets (500–600 g)
- 500 g Möhren
- 2 mittelgroße Zwiebeln
- 2 EL Öl
- Salz
- weißer Pfeffer
- ¼ l Hühnerbrühe (Instant)
- 100–125 g Schlagsahne
- 3–4 Stiele Basilikum
- 2–3 EL heller Soßenbinder

1. Hähnchenfilets abspülen, trockentupfen und in grobe Würfel schneiden. Möhren schälen, waschen und in Scheiben schneiden. Zwiebeln schälen und in feine Spalten schneiden.

2. Öl erhitzen. Fleisch darin rundherum kräftig anbraten. Mit Salz und Pfeffer würzen. Möhren und Zwiebeln zufügen und alles weitere ca. 5 Minuten braten.

3. Brühe und Sahne angießen und aufkochen. Basilikum abspülen. Blättchen abzupfen und, bis auf

einige zum Garnieren, in grobe Streifen schneiden. Zum Fleisch geben. Alles zugedeckt ca. 10 Minuten schmoren. Mit Soßenbinder binden und mit Salz und Pfeffer abschmecken. Mit übrigem Basilikum garnieren. Dazu paßt Brot oder Reis.

Zubereitungszeit ca. 30 Min.
Pro Portion ca. 400 kcal / 1680 kJ.
E 35 g, F 23 g, KH 11 g

Puten-Schaschlik mit Reis

Zutaten für 4 Personen:

- 200 g Langkornreis
- Salz
- 400–500 g Putenbrust
- 250 g kleine Champignons
- 2 mittelgroße Zwiebeln
- 150 g Kirschtomaten
- 8 Lorbeerblätter
- 2 EL (20 g) Öl
- weißer Pfeffer
- 4–6 EL Tomatenketchup
- 1 TL Zitronensaft
- etwas Curry
- 150 g TK-Erbsen
- 8 Schaschlikspieße

1. Reis in kochendem Salzwasser zugedeckt ca. 20 Minuten garen.

2. In der Zwischenzeit Fleisch waschen, mit Küchenpapier trokkentupfen und in grobe Würfel schneiden. Pilze putzen, waschen und halbieren. Zwiebeln schälen und in Spalten schneiden. Tomaten waschen und evtl. halbieren.

3. Fleisch, Pilze, Zwiebeln, Tomaten und Lorbeerblätter im Wechsel auf Spieße stecken und im heißen Öl unter Wenden ca. 15 Minuten braten. Mit Salz und Pfeffer würzen.

4. Ketchup, Zitronensaft und Curry verrühren. Erbsen ca. 5 Minuten vor Ende der Garzeit unter den Reis heben. Je zwei Geflügelspieße mit Reis und Soße auf einem Teller anrichten.

Zubereitungszeit ca. 30 Min.
Pro Portion ca. 330 kcal / 1380 kJ.
E 30 g, F 6 g, KH 37 g

Fisch vom Fein

Gesunde Vielfalt aus dem Meer

sten

Matjes in Mandarinen-Curry-Soße

Zutaten für 4 Personen:

- 750 g kleine neue Kartoffeln
- 150 g TK-Erbsen
- Salz
- 1 Dose (314 ml) Mandarinen
- 8–12 kleine Matjesfilets
- 2 mittelgroße Zwiebeln
- 400 g Schmand (saure Sahne mit 24% Fett) oder stichfeste saure Sahne
- 1–2 TL Curry
- weißer Pfeffer
- einige Stiele Dill
- 1 EL Butter
- evtl. etwas Kopfsalat

1. Kartoffeln unter kaltem Wasser gut abbürsten. In Wasser 15–20 Minuten kochen. Erbsen in kochendem Salzwasser ca. 2 Minuten dünsten. Abschrecken und abtropfen lassen.

2. Mandarinen abtropfen lassen, den Saft dabei auffangen. Matjesfilets abspülen und mit Küchenpapier trockentupfen.

Zwiebeln schälen und in dünne Ringe schneiden.

3. Schmand in einer Schüssel glattrühren. Mandarinen, Erbsen und Zwiebeln unterheben. Mit Curry, Salz und Pfeffer pikant abschmecken. Dill waschen, trokkenschütteln und fein schneiden.

4. Kartoffeln abgießen. Butter im Topf schmelzen. Kartoffeln und Dill darin schwenken. Mit Matjesfilets, Currysoße und evtl. einigen gewaschenen Salatblättern anrichten.

Zubereitungszeit ca. 30 Min.
Pro Portion ca. 720 kcal / 3020 kJ.
E 22 g, F 42 g, KH 59 g

Kräuter-Fisch mit Tomatensugo

Zutaten für 4 Personen:

- 800 g Fischfilet (z. B. Rotbarsch oder Kabeljau)
- Saft von ½ Zitrone
- Salz
- 40 g + 10 g Kräuterbutter
- 250 g Langkornreis
- 150 g TK-Erbsen
- 1 mittelgroße Zwiebel
- 1 Packung (500 g) stückige Tomaten
- 1 TL Gemüsebrühe (Instant)
- weißer Pfeffer
- Zucker
- evtl. Petersilie und Zitrone zum Garnieren

1. Backofen vorheizen (E-Herd: 225 °C / Umluft: 200 °C / Gas: Stufe 4). Inzwischen Fischfilet waschen, trockentupfen und in 8 Stücke schneiden. Mit Zitronensaft beträufeln, 5 Minuten ziehen lassen.

2. Inzwischen für den Reis gut ½ l Salzwasser aufkochen. Fisch in eine Form geben. Mit 40 g Kräuterbutter in Flöckchen

belegen und im heißen Backofen ca. 20 Minuten backen.

3. Reis ins kochende Wasser schütten und zugedeckt bei schwacher Hitze ca. 20 Minuten ausquellen lassen. Erbsen nach ca. 15 Minuten untermischen und mitgaren.

4. Für den Sugo Zwiebel schälen und hacken. In 10 g Kräuterbutter andünsten. Tomaten einrühren und die Brühe darin auflösen. Mit Salz, Pfeffer und Zucker abschmecken. Etwas köcheln lassen. Mit Reis und Fisch anrichten. Evtl. mit Petersilie und Zitronenscheiben garnieren.

Zubereitungszeit ca. 30 Min.
Pro Portion ca. 530 kcal / 2220 kJ.
E 44 g, F 13 g, KH 55 g

Porree-Fisch-Auflauf mit Banane

Zutaten für 4 Personen:

- 1 rote Paprikaschote
- 2 Tomaten
- 250 g Porree (Lauch)
- Salz
- 2 mittelgroße Bananen
- 600 g Rotbarschfilet
- Saft von ½ Zitrone
- 300 g saure Sahne
- 1 EL Speisestärke
- 3 Eier (Gr. M)
- ca. 1 TL Curry
- weißer Pfeffer
- 1–2 EL Kokosraspel

1. Gemüse putzen, waschen und kleinschneiden. In ⅛ l Salzwasser ca. 8 Minuten dünsten. Inzwischen Bananen schälen und in dicke Scheiben schneiden.

2. Fisch waschen, trockentupfen und mit Zitronensaft beträufeln. Fisch auf das Gemüse legen und ca. 5 Minuten mitgaren.

3. Fisch und Gemüse aus dem Sud heben. Mit den Bananen in eine flache Auflaufform schichten. Saure Sahne, Speisestärke und Eier verrühren. Mit Curry, Salz und Pfeffer würzen. Über den Auflauf gießen. Kokosraspel darüberstreuen.

4. Den Auflauf im vorgeheizten Backofen (E-Herd: 200 °C / Umluft: 175 °C / Gas: Stufe 3) 15 Minuten goldbraun backen. Dazu schmeckt Reis oder Kartoffelpüree.

Zubereitungszeit ca. 30 Min.
Pro Portion ca. 510 kcal / 2140 kJ.
E 47 g, F 25 g, KH 22 g

EXTRA-TIP

Wenn Sie keine Kokosnuß mögen oder bekommen, rühren Sie statt dessen den Saft einer Orange in die Sahnesoße. So wird der Auflauf noch etwas fruchtiger.

Forellenfilet auf Eichblattsalat

Zutaten für 4 Personen:

- 1 kleiner Eichblattsalat
- 100 g frische Sprossen (z. B. Rettich- oder Alfalfa-Sprossen)
- 4 geräucherte Forellenfilets (ca. 250 g)
- 4 EL Weißweinessig
- Salz
- Pfeffer (z. B. Zitronenpfeffer)
- 1 Prise Zucker
- 4 EL Öl
- 4 EL Forellenkaviar (Glas)

1. Salat putzen, waschen und in einem Sieb gut abtropfen lassen. Dann in mundgerechte Stücke zupfen. Sprossen waschen und ebenfalls gründlich abtropfen lassen.

2. Forellenfilets in kleine Stücke schneiden. Eichblattsalat mit Sprossen und Forellenfilets auf Portionstellern anrichten.

3. Essig, Salz, Pfeffer und Zucker verrühren. Öl darunterschlagen. Forellenkaviar unterrühren. Die Marinade über den Salat geben und alles ca. 5 Minuten ziehen lassen. Dazu schmeckt frisches Baguette oder Toastbrot.

Zubereitungszeit ca. 20 Min.
Pro Portion ca. 230 kcal / 960 kJ.
E 20 g, F 14 g, KH 4 g

Fisch mit Erdnuß-Curry-Soße

Zutaten für 4 Personen:

- 1 mittelgroße Zwiebel
- ¼ l Weißwein
- Salz
- 2 Lorbeerblätter
- 5 Wacholderbeeren
- 2 Zitronen
- 4 Fischfilets (Rotbarsch oder Kabeljau; à 200 g)
- 200 g Schnellkochreis
- 2 Becher (à 150g) Crème fraîche
- 1–2 TL Curry
- weißer Pfeffer
- 100 g geröstete Erdnußkerne
- 30 g Butter/Margarine
- 50 g Rosinen

1. Zwiebel schälen und vierteln. Mit ½ l Wasser, Wein, Salz, Lorbeer, Wacholder und dem Saft 1 Zitrone aufkochen. Fisch waschen. Bei schwacher Hitze ca. 12 Minuten in der Flüssigkeit gar ziehen lassen.

2. Reis in Salzwasser 5 Minuten kochen. Inzwischen Crème fraîche unter Rühren erhitzen. Mit Curry, Salz und Pfeffer abschmecken.

3. Von den Erdnüssen etwas Salz abreiben. Auf einem Brett kleinhacken. Nüsse in die Soße rühren.

4. Fett erhitzen. Rosinen darin andünsten. Reis abtropfen lassen und unterrühren. Fisch aus dem Sud heben. Mit Soße, Rosinen-Reis und Zitronenscheiben anrichten.

Zubereitungszeit ca. 20 Min.
Pro Portion ca. 410 kcal / 1720 kJ.
E 21 g, F 20g, KH 35 g

EXTRA-TIP

Die Soße schmeckt auch mit Pistazien prima. Dafür die Schale von etwa 250 g Pistazien entfernen, Kerne mit kochendem Wasser überbrühen und Haut abziehen.

Gebackene Calamares mit Dip & Salat

Zutaten für 4 Personen:

- 1 Packung (500 g) TK-Backofen-Tintenfischringe (Calamares)
- 150 g Vollmilch-Joghurt
- 150 g Crème fraîche
- 2–3 Knoblauchzehen
- Salz
- schwarzer Pfeffer
- Zucker
- 2 kleine Zwiebeln
- 5 EL Essig
- 2 EL Öl
- 1 Kopfsalat
- 4 Tomaten
- ½ Salatgurke
- 2 EL schwarze Oliven

1. Den Backofen vorheizen (E-Herd: 200 °C / Umluft: 175 °C/ Gas: Stufe 3). Ein Backblech evtl. mit Backpapier auslegen. Calamares unaufgetaut darauf verteilen. Auf mittlerer Schiene ca. 6 Minuten backen.

2. In der Zwischenzeit Joghurt und Crème fraîche verrühren. Knoblauch schälen und durch eine Presse direkt auf den Dip drücken. Mit Salz, Pfeffer und Zucker abschmecken. Mit Pfeffer bestreuen.

3. Calamares wenden und weitere ca. 6 Minuten backen. Zwiebeln schälen und fein würfeln. Mit Essig, Öl, Salz, Pfeffer und 1 Prise Zucker verrühren.

4. Gemüse putzen und waschen. Salat kleinzupfen. Tomaten in Spalten, Gurke in Scheiben schneiden. Mit Marinade und Oliven mischen. Mit Calamares und Dip anrichten. Dazu paßt knuspriges Baguette oder Fladenbrot.

Zubereitungszeit ca. 30 Min.
Pro Portion ca. 530 kcal / 2220 kJ.
E 17 g, F 33 g, KH 37 g

Fischfilet auf Gemüse-Kartoffel-Püree

Zutaten für 4 Personen:

- 1 kg mehligkochende Kartoffeln
- ¼ l Brühe (Instant)
- 2 Paprikaschoten (ca. 400 g)
- 2 Bund Lauchzwiebeln
- 600–800 g Seelachsfilet
- 4 TL Zitronensaft
- 2 EL (20 g) Öl
- Salz
- schwarzer Pfeffer
- 1 EL Butter

1. Kartoffeln schälen, waschen und in Brühe ca. 20 Minuten kochen. In der Zwischenzeit Paprika und Lauchzwiebeln putzen, waschen und kleinschneiden.

2. Fisch unter kaltem Wasser abspülen und mit Zitronensaft beträufeln. Öl in einer weiten Pfanne erhitzen. Fisch in 4 Stücke schneiden und im heißen Öl

von jeder Seite 3–4 Minuten braten. Mit Salz und Pfeffer würzen. Aus der Pfanne nehmen.

3. Gemüse im Bratfett anbraten. Kartoffeln in der Hälfte der Brühe zerstampfen. Gemüse, bis auf einen Rest zum Garnieren, unterheben. Mit Butter verfeinern und mit Salz und Pfeffer abschmecken. Püree und Fisch anrichten. Das übrige Gemüse daraufgeben. Dazu schmeckt Kopfsalat mit Joghurt-Zitronen-Dressing.

Zubereitungszeit ca. 30 Min.
Pro Portion ca. 520 kcal / 2170 kJ.
E 40 g, F 11 g, KH 57 g

Matjes mit Radieschen-Joghurt

Zutaten für 4 Personen:

- 2 Lauchzwiebeln
- 1 Bund Radieschen
- ½ Bund Petersilie
- ½ Bund Dill
- 450 g Vollmilch-Joghurt
- Salz
- weißer Pfeffer
- etwas Zitronensaft
- 2 TL mittelscharfer Senf
- ½ kleine Salatgurke
- 8 Matjesfilets (à ca. 80 g)
- einige Salatblätter und Zitronenschnitze zum Garnieren

1. Lauchzwiebeln und Radieschen putzen und waschen. Lauchzwiebeln in dünne Scheiben, Radieschen in Stifte schneiden. Petersilie und Dill, bis auf ein Sträußchen zum Garnieren, waschen und fein hacken.

2. Joghurt, Gemüse und Kräuter vermischen. Mit Salz, Pfeffer, Zitronensaft und Senf pikant abschmecken. Gurke waschen, evtl. schälen und in dünne Scheiben schneiden oder hobeln.

3. Eine große Platte mit Gurkenscheiben auslegen. Matjes und Soße darauf anrichten. Mit Kräutersträußchen, Salatblättern und Zitronenschnitzen garnieren. Dazu schmecken neue Pellkartoffeln oder Bratkartoffeln.

Zubereitungszeit ca. 20 Min.
Pro Portion ca. 500 kcal / 2100 kJ.
E 32 g, F 36 g, KH 8 g

EXTRA-TIP

Seefisch ist gesund. Er liefert wichtige Fettsäuren und das für die Schilddrüse wichtige Jod. Essen Sie einmal pro Woche Fisch. So bleiben Sie gesund und fit.

Matjestopf „Hausfrauenart“

Zutaten für 4 Personen:

- 750 g Kartoffeln
- 2 mittelgroße Zwiebeln
- 2 Gewürzgurken
- 1 mittelgroßer Apfel
- 1 Becher (150 g) Crème fraîche
- 2 Becher (à 200 g) saure Sahne
- 1 Bund Lauchzwiebeln
- 1 Bund Dill
- 6 Matjesfilets
- Salz
- schwarzer Pfeffer

1. Kartoffeln waschen und zugedeckt in Wasser ca. 20 Minuten garen. In der Zwischenzeit Zwiebeln schälen und in Ringe, Gurken in Scheiben schneiden. Apfel waschen, entkernen und würfeln. Alles mit Crème fraîche und saurer Sahne vermischen.

2. Lauchzwiebeln putzen, waschen und in feine Ringe schneiden. Dill abspülen, gut trockenschütteln und fein hacken. Beides ebenfalls unter die Soße heben.

3. Matjes kurz abspülen und mit Küchenpapier trockentupfen. In mundgerechte Stücke schneiden.

4. Matjesstücke in die Sahnesoße geben. Alles vorsichtig vermischen und mit wenig Salz und Pfeffer abschmecken. Kartoffeln abschrecken und evtl. die Schale abziehen. Matjestopf mit den Pellkartoffeln anrichten.

Zubereitungszeit ca. 30 Min.
Pro Portion ca. 680 kcal / 2850 kJ.
E 22 g, F 55 g, KH 18 g

EXTRA-TIP

Wenn es einmal noch schneller gehen muß, können Sie auch fertig zubereiteten Hering kaufen. Es gibt ihn in Sahne- oder Joghurt-Soße, mit und ohne Kräuter.

Überbackener Lachs mit Béarnaise

Zutaten für 3–4 Personen:

- Salz
- 300 g Bandnudeln
- 600 g Broccoli
- 400–500 g Lachsfilet (ohne Haut)
- 2 EL Zitronensaft
- Fett für die Form
- schwarzer Pfeffer
- 1 Packung (250 ml) fertige „Sauce Béarnaise"
- evtl. Zitronenscheiben und Dill zum Garnieren

1. Reichlich Salzwasser zum Kochen bringen. Nudeln darin ca. 8 Minuten garen. Broccoli putzen, waschen und in Röschen teilen. Nach 3–4 Minuten Garzeit zu den Nudeln geben.

2. Backofen vorheizen (E-Herd: 200 °C / Umluft: 175 °C / Gas: Stufe 3). Lachs waschen, abtupfen und in gleich große Stücke schneiden. Mit Zitronensaft beträufeln und kurz ziehen lassen.

3. Nudeln und Broccoli in einem Sieb gut abtropfen lassen. In eine gefettete flache Auflaufform füllen. Die Lachsstücke gut abtupfen, mit Salz und Pfeffer würzen und auf die Nudeln setzen.

4. Die Soße über Lachs und Nudeln gießen und alles im

Backofen 10–15 Minuten goldgelb überbacken. Mit Zitronenscheiben und Dill garnieren.

Zubereitungszeit ca. 30 Min.
Pro Portion ca. 700 kcal / 2940 kJ.
E 34 g, F 38 g, KH 51 g

Salate zu

Mexiko-Salat mit Hackbällchen

Zutaten für 4 Personen:

- 1 Scheibe Toastbrot
- 300 g Rinderhackfleisch
- 1 Ei
- Salz
- schwarzer Pfeffer
- Chilipulver oder Tabasco
- 2 EL Öl
- 1 Römersalat
- 4 mittelgroße Zwiebeln
- 1 Dose (425 ml) Maiskörner
- 1 Dose (425 ml) Kidney-Bohnen
- 4 mittelgroße Tomaten
- 2 EL Aprikosenkonfitüre
- 150 ml Tomaten-Ketchup
- 2–3 EL Essig
- 75 g Tortilla-Chips
- evtl. Maisrädchen zum Garnieren

1. Toastbrot zerkrümeln. Hack, Toast und Ei verkneten. Mit Salz, Pfeffer und Chili oder Tabasco würzig abschmecken. Daraus kleine Bällchen formen und im heißen Öl rundherum ca. 7 Minuten knusprig braten. Abkühlen lassen.

2. Inzwischen Salat putzen, waschen und in Streifen schneiden. Zwiebeln schälen und in Ringe schneiden. Mais und Bohnen abspülen, abtropfen lassen.

3. Tomaten waschen, vierteln, entkernen und in Stücke schneiden. Konfitüre erwärmen, Ketchup und Tomaten unterrühren. Mit Salz, Pfeffer, Essig und Chili oder Tabasco abschmecken.

4. Salatzutaten auf einer Platte anrichten und die Soße darüber verteilen. Tortilla-Chips in den Salat stecken und evtl. mit Maisrädchen garnieren.

Zubereitungszeit ca. 30 Min.
Pro Portion ca. 610 kcal / 2560 kJ.
E 33 g, F 25 g, KH 60 g

m Sattessen

Liefern reichlich Vitamine

Grüner Salat mit Radieschen und roten Zwiebeln

Zutaten für 4 Personen:

- 1 Knoblauchzehe
- 1 Bund glatte Petersilie
- 1 Bund Dill
- 1 Bund Schnittlauch
- 6 EL Essig (z. B. Rotweinessig)
- Salz
- weißer Pfeffer
- 1 Prise Zucker
- 6 EL Olivenöl
- 1 kleiner Kopf Endiviensalat
- ½ Kopf Römer- oder Eichblattsalat
- 1 Bund Lauchzwiebeln
- 250 g Tomaten
- 2 kleine Zucchini
- 2 Bund Radieschen
- 2 rote Zwiebeln

1. Knoblauch schälen und durch die Knoblauchpresse drücken oder fein hacken. Kräuter waschen, trockenschütteln und feinschneiden.

2. Essig, Salz, Pfeffer, Zucker, Knoblauch und Kräuter verrühren. Olivenöl darunterschlagen.

3. Salat und Gemüse putzen und waschen. Salat in mundgerechte Stücke zupfen. Lauchzwiebeln in Ringe, Tomaten, Zucchini und Radieschen in Scheiben schneiden. Zwiebeln schälen und in dünne Ringe schneiden.

4. Die vorbereiteten Salatzutaten in eine große Schüssel geben und mit der Soße mischen. Dazu paßt ein Ciabattabrot (italienisches Weißbrot).

Zubereitungszeit ca. 30 Min.
Pro Portion ca. 230 kcal / 960 kJ.
E 1 g, F 20 g, KH 9 g

Nudel-Broccoli-Salat mit Schinken

Zutaten für 4 Personen:

- 200–250 g Schleifchen-Nudeln
- Salz
- 750 g Broccoli
- 1 TL Gemüsebrühe (Instant)
- 2 Becher (à 150 g) saure Sahne (10 % Fett)
- 6–8 EL Tomatenketchup
- schwarzer Pfeffer
- geriebene Muskatnuß
- 4 Scheiben gekochter Schinken (à 50 g)
- 4 EL geriebener Parmesan-Käse

1. Nudeln in reichlich kochendem Salzwasser ca. 12 Minuten garen. Broccoli putzen, waschen und in kleine Röschen teilen.

2. Brühe in ¼ l Wasser aufkochen und den Broccoli darin ca. 5 Minuten garen. Nudeln und Gemüse abgießen und alles etwas abkühlen lassen.

3. Sahne und Ketchup verrühren. Mit Salz, Pfeffer und Muskat kräftig abschmecken. Schinken in Würfel schneiden.

4. Nudeln und Broccoli mischen. Die Salatsoße gleichmäßig darübergeben. Vor dem Servieren mit Parmesankäse bestreuen.

Zubereitungszeit ca. 25 Min.
Pro Portion ca. 660 kcal / 2760 kJ.
E 30 g, F 31 g, KH 53 g

EXTRA-TIP

Im Winter schmeckt der Salat auch prima mit Rosenkohl. Statt Schinken können Sie ihn auch mit Salami servieren oder mit Kasseler-Aufschnitt.

Champignon-Gurkensalat mit Ziegenkäse

Zutaten für 4 Personen:

- 200 g Ziegenkäse mit Asche oder Kräutern (Rolle) oder 1 Packung (200 g) Doppelrahm-Frischkäse
- schwarzer Pfeffer
- 2–3 EL Weißwein-Essig
- Salz
- 4 EL Öl
- ½ Bund Schnittlauch
- 2 Zwiebeln (z. B. rote)
- 1 kleine Salatgurke
- ½ Kopfsalat
- 200 g Champignons

1. Ziegenkäse in ca. ½ cm dicke Scheiben schneiden. Oder aus dem Frischkäse mit feuchten Händen kleine Bällchen formen und in Pfeffer wälzen.

2. Essig, Salz und Pfeffer verrühren. Öl darunterschlagen. Schnittlauch waschen und in feine Röllchen schneiden. In die Marinade rühren. Zwiebeln schälen und in feine Spalten oder Ringe schneiden. Gurke waschen. Längs oder quer in dünne Scheiben hobeln oder schneiden.

3. Salat putzen, waschen und abtropfen lassen. Danach in mundgerechte Stücke zupfen. Champignons putzen, waschen und je nach Größe halbieren oder vierteln.

4. Die vorbereiteten Salatzutaten auf einer Platte anrichten. Mit der Marinade beträufeln. Den Käse darauf verteilen. Dazu schmeckt Baguette oder Vollkornbrot.

Zubereitungszeit ca. 30 Min.
Pro Portion ca. 280 kcal / 1170 kJ.
E 12 g, F 20 g, KH 11 g

EXTRA-TIP

Der graue Belag auf Ziegenkäse ist kein Zeichen für Verderb. Es handelt sich dabei um Asche, die den Käse vor dem Austrocknen schützen soll.

Fruchtiger Käse-Salat

Zutaten für 6 Personen:

- 4 Orangen
- Salz
- schwarzer Pfeffer
- 1 TL mittelscharfer Senf
- 6 EL Öl
- 300 g Staudensellerie
- 3 Paprikaschoten (rot und grün)
- 400 g mittelalter Gouda-Käse
- 150 g roher Schinken
- 2 kleine Bananen

1. Für die Marinade den Saft von 2 Orangen auspressen und mit Salz, Pfeffer und Senf verrühren. Öl darunterschlagen.

2. 2 Orangen schälen, dabei die weiße Haut mit entfernen. Filets zwischen den Trennhäuten herausschneiden. In die Marinade geben.

3. Sellerie und Paprika putzen, waschen und in Stücke schneiden. Käse in kleine Würfel, Schinken in Streifen schneiden. Bananen schälen und in Scheiben schneiden.

4. Sellerie, Paprika, Käse, Schinken und Bananen in die Marinade geben und alles mischen. Einige Minuten ziehen lassen und dann auf einer Platte anrichten.
Dazu schmeckt Fladenbrot.

Zubereitungszeit ca. 30 Min.
Pro Portion ca. 540 kcal / 2260 kJ.
E 28 g, F 38 g, KH 17 g

Tomaten-Petersilien-Salat mit Croûtons

Zutaten für 4 Personen:

- 5–6 Tomaten (ca. 500 g)
- 2–3 Bund glatte Petersilie
- 3–4 EL Zitronensaft
- Salz
- schwarzer Pfeffer
- etwas Zucker
- 4–5 EL Öl (z. B. Olivenöl)
- 1 Knoblauchzehe
- 3 Scheiben Toastbrot
- evtl. Zitrone zum Garnieren

1. Tomaten waschen, putzen und halbieren. Entkernen und fein würfeln. Petersilie waschen, trockenschütteln und grob hacken.

2. Zitronensaft, Salz, Pfeffer und Zucker verrühren. 3–4 EL Öl darunterschlagen. Mit Petersilie und Tomaten mischen und dann etwas ziehen lassen.

3. Knoblauch schälen und hacken. Brot in Rauten oder Würfel schneiden. In 1 EL heißem Öl unter Wenden goldbraun rösten.

Knoblauch kurz mitbraten. Alles über den Salat streuen. Evtl. mit Zitronenspalten garnieren.

Zubereitungszeit ca. 30 Min.
Pro Portion ca. 160 kcal / 670 kJ.
E 3 g, F 11 g, KH 12 g

Gemischter Salat mit Hähnchenfilet

Zutaten für 4 Personen:

- 2 Hähnchenfilets (ca. 350 g)
- 4 EL Öl
- Salz
- weißer Pfeffer
- 1 Kopf Salat (z. B. Lollo bianco)
- 1 Bund Radieschen
- 200 g Kirschtomaten oder kleine Tomaten
- 1 Kästchen Kresse
- 3 EL Zitronensaft
- 1 Prise Zucker
- 1 TL mittelscharfer Senf
- evtl. grober Pfeffer

1. Hähnchenfilets waschen und trockentupfen. 1 EL Öl in einer Pfanne erhitzen. Fleisch darin von jeder Seite 3–4 Minuten goldbraun braten. Mit Salz und weißem Pfeffer würzen.

2. Salat putzen, waschen und abtropfen lassen. In mundgerechte Stücke zupfen. Radieschen und Tomaten putzen und waschen. Radieschen in Scheiben, Tomaten in Viertel schneiden. Kresse abspülen und abschneiden.

3. Zitronensaft, Salz, weißen Pfeffer, Zucker und Senf verrühren. Das restliche Öl kräftig darunterschlagen.

4. Fleisch in Scheiben schneiden. Mit den vorbereiteten Zutaten mischen. Die Marinade darübergeben. Nach Belieben mit grobem Pfeffer bestreuen. Dazu schmeckt ein Baguette mit Kräuterbutter.

Zubereitungszeit ca. 25 Min.
Pro Portion ca. 440 kcal / 1840 kJ.
E 37 g, F 29 g, KH 21 g

Knackige Rohkost mit drei Quark-Dips

Zutaten für 4 Personen:

- 1 Bund Radieschen
- 1 Salatgurke
- 500 g Sahnequark
- 200 g saure Sahne
- Salz
- weißer Pfeffer
- ½ Kästchen Kresse
- 1 Knoblauchzehe
- etwas Tabasco
- 3 EL Tomatenketchup
- 2 Paprikaschoten
- ½ Staude Stangensellerie
- 1 Kohlrabi
- 1 Bund Möhren

1. Radieschen und Gurke putzen, waschen und je zur Hälfte grob raspeln. Quark und Sahne verrühren. Die Masse in 3 Portionen teilen. Einen Teil mit Radieschenraspeln, Salz und Pfeffer verrühren. Kresse abspülen, vom Beet schneiden und darüberstreuen.

2. Knoblauch schälen, fein hacken. Mit dem zweiten Teil Quark, mit Gurkenraspeln, Salz und Pfeffer verrühren. Übrigen Quark mit Salz, Tabasco und Ketchup verrühren.

3. Das restliche Gemüse putzen, waschen, evtl. schälen und in dicke Stifte schneiden. Mit den übrigen Radieschen auf einer Platte anrichten. Die Quark- Dips dazureichen.

Zubereitungszeit ca. 30 Min.
Pro Portion ca. 260 kcal / 1090 kJ.
E 21 g, F 11 g, KH 18 g

EXTRA-TIP

An warmen Tagen ergibt diese knackige Rohkost eine kleine leichte Mahlzeit. Sie tanken Vitamine, Mineral- und Ballaststoffe und nehmen trotzdem wenige Kalorien auf.

Kartoffel-Bulgur-Salat

Zutaten für 4 Personen:

- 750 g große Kartoffeln
- ½ TL Gemüsebrühe (Instant)
- 30 g Bulgur (vorgegarte Weizengrütze; gibt's fertig)
- 1 mittelgroße Zwiebel
- 3–4 Tomaten (ca. 300 g)
- 2 Bund glatte Petersilie
- Saft von 1 Zitrone
- Salz
- schwarzer Pfeffer
- etwas Zucker
- evtl. gemahlener Koriander
- 4 EL Öl (z. B. Olivenöl)

1. Kartoffeln schälen waschen und in Scheiben schneiden. In ¼ l Wasser mit Brühe ca. 15 Minuten kochen. Bulgur in gut ⅛ l Wasser aufkochen und darin zugedeckt ca. 15 Minuten ausquellen lassen.

2. In der Zwischenzeit Zwiebel schälen und hacken. Tomaten waschen, putzen, vierteln und fein würfeln. Petersilie waschen, trockenschütteln. Die Blättchen abzupfen und fein schneiden.

3. Kartoffeln und Bulgar leicht mischen und ca. 10 Minuten abkühlen und ziehen lassen.

4. Zitronensaft, Salz, Pfeffer, Zucker und evtl. Koriander verrühren. Öl kräftig darunterschlagen. Kartoffeln und Bulgaur mit Zwiebel, Tomaten und Petersilie vorsichtig mit der Marinade mischen. Den Salat nochmals abschmecken. Dazu schmeckt in Knoblauch eingelegter Schafskäse mit Oliven.

Zubereitungszeit ca. 30 Min.
Pro Portion ca. 310 kcal / 1300 kJ.
E 7 g, F 10 g, KH 46 g

EXTRA-TIP

Im Orient wird Bulgur als Beilage serviert wie hierzulande Reis. Die gegarte Grütze aus Weizen liefert etwas mehr Eiweiß und B-Vitamine als Reis und schmeckt würziger.

Paprika-Salat mit Edamer

Zutaten für 4 Personen:

- je 1 kleine gelbe, grüne und rote Paprikaschote
- 150 g Edamer-Käse
- 1 Bund glatte Petersilie
- 2–3 EL Essig (z. B. Kräuter-Essig)
- Salz
- weißer Pfeffer
- Edelsüß-Paprika
- ½ TL Zucker
- 4 EL Sonnenblumenöl
- 1 Scheibe Toastbrot
- 1 kleine Knoblauchzehe

1. Paprikaschoten putzen, waschen und in schmale Streifen schneiden. Käse in Würfel schneiden.

2. Petersilie waschen, trockenschütteln und die Blättchen von den Stielen zupfen. Die Hälfte der Petersilienblättchen fein hacken.

3. Essig mit Salz, Pfeffer, Paprika, gehackter Petersilie und Zucker verrühren. 3 EL Öl darunterschlagen. Die Marinade mit Paprikastreifen und Käsewürfeln mischen. Kurz durchziehen lassen.

4. Inzwischen Toastbrot würfeln. Knoblauch schälen und fein hacken. 1 EL Öl in einer beschichteten Pfanne erhitzen. Knoblauch darin andünsten. Brotwürfel im Knoblauch-Öl goldbraun rösten. 4 Teller mit Petersilienblättchen auslegen. Den Salat darauf anrichten und mit Brotwürfeln bestreuen.

Zubereitungszeit ca. 25 Min.
Pro Portion ca. 220 kcal / 920 kJ.
E 11 g, F 16 g, KH 6 g

Suppen &

Gemüsesuppe mit Hähnchen

Zutaten für 4 Personen:

- 1 Lorbeerblatt
- 2–3 EL Hühnerbrühe (Instant)
- evtl. ½ TL Pfefferkörner
- 2 Hähnchenbrüste mit Haut und Knochen (ca. 700 g)
- 2–3 Möhren (ca. 400 g)
- 1 Kohlrabi (ca. 450 g)
- 150 g TK-Erbsen
- 1 Bund Petersilie oder 1 Topf Kerbel
- Salz
- schwarzer Pfeffer
- Worcestershire-Sauce
- 4 TL Crème fraîche

1. Ca. 1 ½ l Wasser mit Lorbeer, Brühe und evtl. Pfefferkörnern in einem großen Topf aufkochen. Hähnchenbrüste gründlich waschen und in der Brühe ca. 20 Minuten garen.

2. Inzwischen Gemüse schälen, waschen. Möhren in Scheiben, Kohlrabi in grobe Stifte schneiden. Beides nach 6–8 Minuten Garzeit in die Brühe geben. Erbsen nach 15 Minuten zufügen.

3. Hähnchenbrüste herausnehmen. Fleisch von Haut und Knochen lösen. In mundgerechte Stücke schneiden und wieder in

die Brühe geben. Kräuter waschen, Blättchen abzupfen und hacken.

4. Die Suppe mit Salz, Pfeffer und Worcestershire-Sauce abschmekken und auf 4 Teller verteilen. Je 1 TL Crème fraîche daraufgeben und mit Kräutern bestreuen.

Zubereitungszeit ca. 30 Min.
Pro Portion ca. 290 kcal / 1210 kJ.
E 33 g, F 11 g, KH 12 g

Eintöpfe

... mal deftig, mal leicht

Broccoli-Cremesuppe mit Vollkorn-Croûtons

Zutaten für 4 Personen:

- 750 g Broccoli
- 1 mittelgroße Zwiebel
- 2 TL Öl
- 2 EL Gemüsebrühe (Instant)
- 2–3 feine ungebrühte Bratwürste (ca. 300 g)
- 2 Scheiben (à ca. 50 g) Vollkornbrot
- 1 EL (10 g) Butter/Margarine
- ¼ l Milch
- Salz
- weißer Pfeffer
- geriebene Muskatnuß

1. Broccoli waschen, in Röschen teilen. Stiele abziehen oder schälen und kleinschneiden. Zwiebel schälen, würfeln. 1 TL Öl in einem Topf erhitzen, Zwiebel darin andünsten. ¾ l heißes Wasser und Brühe zufügen und aufkochen. Den Broccoli darin ca. 12 Minuten garen.

2. 1 TL Öl erhitzen. Wurstmasse als Klößchen hineindrücken und rundherum 5 Minuten braten.

3. Brot in Würfel schneiden. Klößchen aus der Pfanne nehmen und beiseite stellen. Fett in der Pfanne erhitzen und die Brotwürfel darin unter Wenden ca. 2 Minuten goldbraun rösten.

4. ¼ Broccoli herausnehmen, den Rest in der Brühe pürieren. Milch zugießen, aufkochen. Die Suppe mit Salz, Pfeffer und Muskat abschmecken. Broccoli und Klößchen darin erhitzen. Croûtons zuletzt darüberstreuen.

Zubereitungszeit ca. 30 Min.
Pro Portion ca. 400 kcal / 1680 kJ.
E 18 g, F 27 g, KH 18 g

EXTRA-TIP

Croûtons können Sie auch aus Toastbrot zubereiten. Wenn Sie 1 TL getrocknete Kräuter der Provence mit in die Pfanne geben, werden die Brotwürfel schön würzig.

Bohnentopf mit Steckrübe

Zutaten für 4 Personen:

- 2 mittelgroße Zwiebeln
- 2 EL Öl
- 1–2 EL Tomatenmark
- 1–2 EL Curry
- je 1 Dose (425 ml) weiße Bohnen und Kidney-Bohnen
- 300 g Steckrübe
- ½ Wirsingkohl (ca. 500 g)
- 3 EL Gemüsebrühe (Instant)
- Salz
- schwarzer Pfeffer
- 1–2 EL Crème fraîche

1. Zwiebeln schälen, halbieren und in dünne Scheiben schneiden. Öl in einem großen Topf erhitzen. Zwiebeln darin andünsten. Tomatenmark und ca. 1 EL Curry zufügen, anschwitzen.
Mit 1 l Wasser ablöschen. Bohnen samt Flüssigkeit zugeben. Aufkochen und alles zugedeckt ca. 10 Minuten garen.

2. Inzwischen Steckrübe schälen, waschen und würfeln.
Wirsing putzen, waschen und in grobe Streifen schneiden.

3. Gemüse zu den Bohnen geben und die Brühe einrühren.
Alles 15–20 Minuten garen. Den Eintopf mit Salz, Pfeffer und Curry abschmecken. Mit einem Klacks Crème fraîche anrichten und etwas Curry darüberstäuben.

Zubereitungszeit ca. 30 Min.
Pro Portion ca. 360 kcal / 1510 kJ.
E 20 g, F 10 g, KH 45 g

Bunter Linsentopf mit Salami

Zutaten für 4 Personen:

- 1 großes Bund frisches oder 2 Päckchen (à 25 g) TK-Suppengrün
- 3 EL Öl
- 1 Würfel Fleischbrühe (für ½ l Flüssigkeit)
- 1 Dose (850 ml) Linsen mit Suppengrün
- 300 g Salami im Stück (ersatzw. Mett- oder Fleischwurst)
- weißer Pfeffer

1. Frisches Suppengrün putzen und waschen. Möhren in dünne Scheiben und Porree in Ringe schneiden. Sellerie würfeln. Selleriegrün kurz abspülen und grob hacken.

2. Öl in einem Topf erhitzen. Suppengrün darin bei mittlerer Hitze ca. 2 Minuten andünsten. ⅜ l Wasser zugießen, den Brühwürfel zufügen und alles aufkochen.

3. Gemüse ca. 10 Minuten in der Brühe garen. Linsen zum Gemüse geben und alles weitere 5 Minuten zugedeckt köcheln lassen.

4. Wurst erst in dicke Scheiben schneiden, dann würfeln. In den Eintopf geben und erwärmen. Mit Pfeffer würzen. Dazu schmeckt kräftiges Bauernbrot.

Zubereitungszeit ca. 25 Min.
Pro Portion ca. 650 kcal / 2730 kJ.
E 46 g, F 26 g, KH 54 g

Kartoffel-Gemüse-Topf mit Mettbällchen

Zutaten für 4 Personen:

- 375 g Thüringer Mett (fertig gewürztes Schweinemett)
- 1 Päckchen TK-8-Kräuter-Mischung
- 2 EL Öl
- 2 mittelgroße Zwiebeln
- 500 g Kartoffeln
- 2 Packungen (à 300 g) TK-Farmers-Gemüse oder anderes gemischtes TK-Gemüse
- Salz
- weißer Pfeffer
- 4 EL Schmand oder saure Sahne

1. Mett und die Hälfte der Kräuter verkneten. Zu kleinen Klößchen formen. In einem großen Topf im heißen Öl rundherum kräftig anbraten. Bei schwacher Hitze ca. 5 Minuten weiterbraten.

2. Inzwischen Zwiebeln schälen und in Spalten schneiden. Kartoffeln schälen, waschen und in grobe Stücke schneiden. Die Mettbällchen herausnehmen und beiseite stellen.

3. Zwiebeln und Kartoffeln im Bratfett andünsten. Mit 1 l Wasser ablöschen. Gemüse unaufgetaut zufügen. Kurz aufkochen und alles bei mittlerer Hitze zugedeckt 8–10 Minuten garen.

4. Mettbällchen unterheben und erhitzen. Den Eintopf mit Salz und Pfeffer abschmecken. In tiefe Teller füllen, mit je 1 EL Schmand anrichten und mit den restlichen Kräutern bestreuen.

Zubereitungszeit ca. 25 Min.
Pro Portion ca. 620 kcal / 2600 kJ.
E 23 g, F 42 g, KH 32 g

EXTRA-TIP

Wenn Sie kein Thüringer Mett bekommen, können Sie auch gemischtes Hackfleisch kaufen und es nach dem Braten mit Pfeffer und Salz kräftig abschmecken.

Paprika-Kraut-Suppe mit Krakauer

Zutaten für 4 Personen:

- 1 mittelgroße Zwiebel
- 1 dicke Stange (ca. 250 g) Porree
- 2 EL Öl (z. B. Olivenöl)
- 1 Dose (850 ml) Sauerkraut
- 2 EL Tomatenmark
- Edelsüß-Paprika
- 1 Lorbeerblatt
- 1 TL Wacholderbeeren
- 2 EL Gemüsebrühe (Instant)
- 1 Beutel Kartoffel-Püree (1–2 Portionen; für ¼ l Flüssigkeit)
- 3–4 Krakauer Würstchen (300 g)
- Salz
- schwarzer Pfeffer
- Zucker
- 4 EL (à 15 g) Crème fraîche

1. Zwiebel schälen und würfeln. Porree putzen, waschen und in Ringe schneiden. Öl in einem Topf erhitzen, Zwiebel und Porree darin ca. 5 Minuten andünsten.

2. Sauerkraut leicht zerzupfen, zugeben und unter Wenden ca. 5 Minuten kräftig andünsten. Tomatenmark einrühren und anschwitzen. 1 TL Paprika, Lorbeer und Wacholderbeeren zufügen.

3. Mit 1 ½ l Wasser ablöschen, aufkochen und die Brühe darin auflösen. Zugedeckt ca. 10 Minuten köcheln lassen. Kartoffelbrei einrühren und nochmals kurz aufkochen lassen.

4. Würstchen in Scheiben schneiden und in der Suppe erhitzen. Mit Salz, Pfeffer, Paprika und Zucker abschmecken. Mit je 1 Klecks Crème fraîche in tiefen Tellern anrichten.

Zubereitungszeit ca. 30 Min.
Pro Portion ca. 380 kcal / 1590 kJ.
E 17 g, F 28 g, KH 11 g

Tomatensuppe mit Klößchen

Zutaten für 4 Personen:

- 1 mittelgroße Zwiebel
- 1 Knoblauchzehe
- 1 EL Butter/Margarine
- 1 Flasche (0,75 l) Tomatensaft
- 1 EL Gemüsebrühe (Instant)
- Salz
- weißer Pfeffer
- 1–2 TL Speisestärke
- Rosenpaprika
- 1 Prise Zucker
- 250 g TK-Fleischklößchen
- etwas frisches oder 1 TL getrocknetes Basilikum
- 100 g Schmand oder saure Sahne

1. Zwiebel und Knoblauch schälen und hacken. Fett in einem Topf erhitzen. Zwiebel und Knoblauch darin andünsten. Mit Tomatensaft und $^1/_4$ l Wasser ablöschen und aufkochen. Die Brühe einrühren, und alles ca. 5 Minuten köcheln lassen. Mit Salz und Pfeffer würzen.

2. Stärke und 2 EL kaltes Wasser glattrühren. In die Suppe rühren, nochmals aufkochen lassen. Mit Salz, Paprika und Zucker pikant abschmecken.

3. Fleischklößchen in der Suppe erhitzen. Frisches Basilikum waschen, trockenschütteln und Blättchen, bis auf einige zum Garnieren, in Streifen schneiden. In die Suppe geben.

4. Suppe in tiefe Teller verteilen. Schmand oder saure Sahne glattrühren und jeweils einen Klecks daraufgeben. Mit den restlichen Basilikumblättchen garnieren.

Zubereitungszeit ca. 20 Min.
Pro Portion ca. 230 kcal / 960 kJ.
E 10 g, F 16 g, KH 11 g

Provenzalischer Wurst-Tomaten-Topf

Zutaten für 4 Personen:

- 2 Stangen (ca. 400 g) Porree
- 1 Dose (850 ml) Tomaten
- 250 g Cabanossi oder Mettenden
- 3 Wiener Würstchen (à 80 g)
- 2 Knoblauchzehen
- 1 EL Öl (z. B. Olivenöl)
- 1 TL Rosmarin
- je ½ TL Oregano und Salbei
- Salz
- schwarzer Pfeffer
- evtl. frische Kräuter zum Garnieren

1. Porree putzen, waschen und in Scheiben schneiden. Tomaten abtropfen lassen, den Saft dabei auffangen. Tomaten zerkleinern.

2. Cabanossi oder Mettenden und Würstchen in dünne Scheiben schneiden. Knoblauch schälen und fein hacken oder durch die Knoblauchpresse drücken.

3. Öl in einem Topf erhitzen und die Wurstscheiben darin unter Wenden braun anbraten. Porree und Knoblauch zufügen und kurz mit andünsten.

4. Tomaten mit Saft und die Kräuter zufügen. Alles aufkochen und zugedeckt ca. 10 Minuten köcheln lassen. Mit Salz und Pfeffer abschmecken. Evtl. mit Kräutern garnieren. Dazu schmeckt frisches Baguette.

Zubereitungszeit ca. 30 Min.
Pro Portion ca. 540 kcal / 2260 kJ.
E 23 g, F 45 g, KH 7 g

Gemüse quer

Frisches für jede Jahreszeit

Blechkuchen „Tutti frutti“

Zutaten für ca. 20 Stücke:

- 250 g Magerquark
- 100 g + 2 EL Zucker
- 1 Prise Salz
- 1 Fläschchen Butter-Vanille-Aroma
- 9 EL Milch
- 9 EL Öl
- 500 g Mehl
- 1 Päckchen Backpulver
- je 1 große und kleine Dose (850 ml + 425 ml) Frucht-Cocktail
- 1 Glas (720 ml) Süßkirschen ohne Stein
- Fett fürs Blech
- 3–4 EL (40 g) Mandelblättchen
- 50 g Butter/Margarine

1. Quark, 100 g Zucker und Salz in eine Schüssel geben. Aroma, Milch und Öl unterrühren. Mehl und Backpulver mischen, die Hälfte davon unter die Quarkmasse rühren. Den Rest kurz unterkneten.

2. Frucht-Cocktail und Kirschen in einem Sieb gut abtropfen lassen. Den Quark-Öl-Teig gleichmäßig auf einem gut gefettetem Backblech (ca. 35 x 40 cm) ausrollen.

3. Früchte mischen, gleichmäßig auf dem Teig verteilen, mit 2 EL Zucker und Mandelblättchen bestreuen. Fett in Flöckchen auf dem Kuchen verteilen. Im vorgeheizten Backofen (E-Herd: 200 °C / Umluft: 175 °C / Gas: Stufe 3) ca. 30 Minuten backen.

Zubereitungszeit ca. 30 Min.
Backzeit ca. 30 Min.
Pro Stück ca. 200 kcal / 840 kJ.
E 3, F 9, KH 24

EXTRA-TIP

Sie können den Blechkuchen auch nur mit Kirschen zubereiten. Dafür benötigen Sie 2 Gläser (á 720 ml). Zum Kirschkuchen schmeckt Sahne mit Vanillezucker.

Marmor-Gugelhupf mit Eierlikör

Zutaten für ca. 20 Stücke:

- 5 Eier (Gr. M)
- 200 g Zucker
- 1 Päckchen Vanillin-Zucker
- ¼ l Eierlikör
- ¼ l Öl
- 300 g Mehl
- 1 Päckchen Backpulver
- etwas Fett und Mehl für die Form
- 3 gestrichene EL (ca. 20 g) Kakao
- 1 Packung (75 g) Schoko-Mokka-Bohnen
- ca. 1 EL Puderzucker

1. Eier, Zucker und Vanillin-Zucker cremig schlagen. Likör und Öl zufügen und unterrühren. Mehl und Backpulver mischen und ebenfalls unterrühren. (Der Teig ist recht dünnflüssig, wird aber beim Backen fest.)

2. Eine Gugelhupf- bzw. Napfkuchenform (22 cm Ø; 2,5 l Inhalt) einfetten und mit Mehl ausstreuen. Die Hälfte Teig einfüllen. 2 EL Kakao auf den restlichen Teig sieben und unterrühren. Mokka-Bohnen unterheben und auf den hellen Teig geben. Den dunklen Teig mit einer Gabel spiralförmig unter den hellen Teig ziehen.

3. Kuchen im vorgeheizten Backofen (E-Herd: 175 °C / Umluft: 150 °C / Gas: Stufe 2) ca. 1 Stunde backen. Zunächst in der Form etwas abkühlen lassen. Danach stürzen und vollständig auskühlen lassen. Vor dem Servieren mit Puderzucker und restlichem Kakao bestäuben.

Zubereitungszeit ca. 20 Min. (ohne Wartezeit). Backzeit ca. 1 Std. Pro Stück ca. 240 kcal / 1000 kJ. E 5 g, F 10 g, KH 27 g

Corn-flakes-Törtchen mit Früchten

Zutaten für ca. 6 Stück:

- 175 g Vollmilch-Schokolade
- 60 g Corn-flakes
- 100 g Erdbeeren
- 1 Kiwi
- 2 Pflaumen
- 200 g Schlagsahne
- 1 Päckchen Bourbon-Vanillezucker
- ca. 1 EL Puderzucker
- Backpapier

1. Schokolade hacken und im heißen Wasserbad schmelzen. Corn-flakes, bis auf 1 EL zum Verzieren, unter die Schokolade heben.

2. Ein Backblech mit Backpapier auslegen. Aus der Corn-flakes-Masse ca. 6 runde Böden (ca. 8 cm Ø) formen und auf das Backblech setzen. Die Böden bei Raumtemperatur ca. 2 Stunden trocknen lassen.

3. Erdbeeren waschen, putzen und in Scheiben schneiden. Kiwi schälen und in Stücke schneiden. Pflaumen waschen, halbieren, entsteinen und in Spalten schneiden.

4. Vor dem Servieren Sahne steif schlagen. Vanillezucker dabei einrieseln lassen. Auf die Böden streichen und mit Früchten belegen. Übrige Corn-flakes darüberstreuen. Mit Puderzucker bestäuben.

Zubereitungszeit ca. 30 Min.
Wartezeit ca. 2 Std.
Pro Stück ca. 330 kcal / 1380 kJ.
E 4 g, F 21 g, KH 30 g

EXTRA-TIP

Die Corn-flakes-Törtchen schmecken auch sehr lecker, wenn Sie sie mit Zartbitter-Schokolade zubereiten oder für die Knuspermasse weiße Schokolade nehmen.

Haselnuß-Baiser-Kuchen

Zutaten für ca. 20 Stücke:

- 250 g weiche Butter/Margarine
- 200 g + 200 g Zucker
- ½ Fläschchen Rum-Aroma
- 1 Prise Salz
- 6 Eier (Gr. M)
- 375 g Mehl
- 1 Päckchen Backpulver
- 5–7 EL (ca. 75 ml) Milch
- Fett und Paniermehl fürs Blech
- 1 TL Zitronensaft
- 100 g gemahlene Haselnüsse
- 5 EL (50 g) Haselnußblättchen

1. Fett, 200 g Zucker, Aroma und Salz cremig rühren. 3 Eier trennen. 3 Eigelb und 3 Eier einzeln unter die Fettmasse rühren. Mehl und Backpulver mischen und abwechselnd mit der Milch unterrühren. Ein Backblech (ca. 35 x 40 cm) einfetten und mit Paniermehl ausstreuen. Den Teig daraufstreichen.

2. 3 Eiweiß steif schlagen. Zitronensaft unter Rühren zugeben und 200 g Zucker nach und nach einrieseln lassen. Weiterschlagen, bis der Zucker gelöst ist. Gemahlene Haselnüsse unterheben. Baisermasse in einen Spritzbeutel mit glatter Lochtülle füllen und gitterartig auf den Teig spritzen. Kuchen mit Haselnußblättchen bestreuen.

3. Den Kuchen im vorgeheizten Backofen (E-Herd: 200 °C / Umluft: 175 °C / Gas: Stufe 3) ca. 20 Minuten backen. Auskühlen lassen. Dazu schmecken Vanille-Eis und rote Grütze aus dem Glas.

Zubereitungszeit ca. 20 Min.
Backzeit ca. 20 Min.
Pro Stück ca. 320 kcal / 1340 kJ.
E 5 g, F 17 g, KH 35 g

EXTRA-TIP

Den Eischnee für das Baiser erst unmittelbar vor dem Backen schlagen. Ansonsten zieht der Zucker viel Wasser, und der Schnee wird wieder flüssig.

Gefüllte Schokoladen-Hörnchen

Zutaten für 8 Stück:

- 75 g Zartbitter-Schokolade
- 1 Packung (230 g) runder Blätterteig aus dem Kühlregal oder 250 g TK-Blätterteig (6 viereckige Scheiben)
- 1 Eigelb
- 1 TL Schlagsahne oder Milch
- ½ Beutel (50 g) dunkle Kuchenglasur
- Schokoflocken zum Verzieren

1. Schokolade in schmale Stücke schneiden. Blätterteig mit dem Backpapier auf einem Backblech entrollen und in 8 Tortenstücke schneiden (oder 4 TK-Blätterteig-Scheiben entnehmen, nebeneinander ausbreiten, kurz antauen lassen; dann diagonal durchschneiden). Schokolade auf die breite Seite der Dreiecke legen. Zur Spitze hin aufrollen und zu Hörnchen biegen.

2. Eigelb und Sahne verquirlen. Hörnchen damit bestreichen. Im vorgeheizten Backofen (E-Herd: 200 °C / Umluft: 175 °C /Gas: Stufe 3) 15–20 Minuten backen. Hörnchen etwas auskühlen lassen.

3. Kuchenglasur im Wasserbad schmelzen. Mit einer Schere eine kleine Ecke vom Beutel abschneiden. Dünne Streifen auf die Hörnchen spritzen. Mit Schokoflocken bestreuen.

Zubereitungszeit ca. 15 Min.
Backzeit 15–20 Min.
Pro Stück ca. 210 kcal / 880 kJ.
E 3 g, F 14 g, KH 17 g

Glasierte Apfel-Torteletts

Zutaten für 8 Stück:

- 300 g Mehl
- 175 g Butter/Margarine
- 100 g Zucker
- 1 Prise Salz
- abgeriebene Schale von 1 unbehandelten Orange
- 1 Ei (Gr. M)
- 500 g Äpfel (z. B. Boskop)
- Saft von 1 Zitrone
- 2 EL Orangen-Marmelade

1. Mehl, Fett, Zucker, Salz, Orangenschale und Ei zu einem glatten Teig verkneten.
Ca. 30 Minuten kühl stellen.

2. In der Zwischenzeit Äpfel schälen, vierteln, entkernen und in dünne Spalten schneiden.
Sofort mit Zitronensaft beträufeln.

3. Teig ca. ½ cm dick ausrollen. 8 Torteletteförmchen (ca. 11 cm Ø) mit dem Teig auslegen und mit einer Gabel mehrmals einstechen.

Mit Äpfeln belegen. Marmelade erwärmen. Äpfel damit bestreichen.

4. Die Torteletts im vorgeheizten Backofen (E-Herd: 200°C/ Umluft: 175°C / Gas: Stufe 3) ca. 25 Minuten backen. Dazu schmeckt Eierlikör-Sahne.

Zubereitungszeit ca. 30 Min.
Wartezeit ca. 30 Min.
Backzeit ca. 25 Min.
Pro Stück ca. 420 kcal / 1760 kJ.
E 5 g, F 20 g, KH 51 g

Heidelbeer-Joghurt-Muffins

Zutaten für 12 Stück:

- 250 g Heidelbeeren
- 100 g Zucker
- 1 Päckchen Vanillin-Zucker
- 1 Prise Salz
- 300 g Mehl
- 1 Päckchen Backpulver
- 1 Ei (Gr. M)
- 150 g Vollmilch-Joghurt
- 100 ml Milch
- 4 EL Öl
- ½ TL gemahlener Zimt
- 1 Msp. geriebene Muskatnuß
- Fett für die Form
- 3 EL Aprikosen-Konfitüre
- ca. 1 EL Hagelzucker
- evtl. 12 Papier-Manschetten

1. Heidelbeeren verlesen, waschen und abtropfen lassen. Zucker, Vanillin-Zucker, Salz, Mehl und Backpulver in einer Rührschüssel mischen. Ei, Joghurt, Milch, Öl, Zimt und Muskat zufügen. Mit den Knethaken des Handrührgerätes zu einem glatten Teig verkneten. Die Heidelbeeren portionsweise unterheben.

2. Die Muffin-Form (für 12 Stück à ca. 7 cm Ø) einfetten (ersatzweise je 2–3 Papierbackförmchen ineinandersetzen) und jeweils zu ¾ mit Teig füllen. Im vorgeheizten Backofen (E-Herd: 200 °C / Umluft: 175 °C / Gas: Stufe 3) ca. 30 Minuten backen. Muffins etwas abkühlen lassen, dann aus der Form nehmen.

3. Konfitüre erhitzen. Muffins damit bestreichen und mit Hagelzucker bestreuen. Evtl. in Papier-Manschetten servieren. Dazu schmeckt Vanille-Eiscreme.

Zubereitungszeit ca. 30 Min.
Backzeit ca. 30 Min.
Pro Stück ca. 200 kcal / 840 kJ.
E 4 g, F 5 g, KH 34 g

EXTRA-TIP

Muffins können Sie beliebig variieren. Die kleinen Kuchen schmecken mit Kirschen, Äpfeln, Schokostückchen, Kakao, Rosinen oder Nüssen.

Himbeer-Eistorte mit Baiser

Zutaten für ca. 16 Stücke:

- 90 g + 60 g fertiges Baiser
- 1 Flasche (125 ml) Schokoladen-Soße
- 400 g Himbeeren
- 500 g Schlagsahne
- 3 EL (30 g) Zucker
- 2 Päckchen Vanillin-Zucker
- evtl. Baiser, Himbeeren und Melisse zum Verzieren
- Klarsichtfolie

1. 90 g Baiser grob zerbröseln und mit ca. ⅔ Schoko-Soße mischen. Eine Springform (26 cm Ø) leicht mit Wasser anfeuchten und mit Klarsichtfolie kreuzweise glatt auslegen. Schoko-Baiser-Brösel auf dem Springformboden verteilen und ca. 30 Minuten einfrieren.

2. In der Zwischenzeit 60 g Baiser grob zerbröseln. Himbeeren verlesen und evtl. waschen. Sahne steif schlagen. Zucker und Vanillin-Zucker dabei einrieseln lassen. Baiserbrösel und Himbeeren darunterheben.

3. Sahne gleichmäßig auf dem Boden verteilen. Mit Rest Schoko-Soße, bis auf 1 EL zum Garnieren, beträufeln. Soße mit einem Löffel leicht unter die Sahne ziehen. Alles glattstreichen und zugedeckt über Nacht einfrieren.

4. Die Torte vor dem Servieren ca. 10 Minuten bei Raumtemperatur stehenlassen. Springformrand lösen, Springformboden und Klarsichtfolie entfernen. Die Torte mit Schoko-Soße und evtl. mit Baiser, Himbeeren und Melisse verzieren. Vor dem Sevieren ca. 20 Minuten antauen lassen.

Zubereitungszeit ca. 30 Min.
Wartezeit mind. 12 Std.
Pro Stück ca. 160 kcal / 670 kJ.
E 2 g, F 10 g, KH 15 g

Register

M

N

O

P

Q

R

S

T

W

Z

In dieser Reihe sind bisher erschienen:

Kleingebäck

Im Nu gerührt – ab in den Ofen

Tips & Tricks

KLEINES 1 X 1 DER SCHNELLEN VOR- UND ZUBEREITUNG

- Schon beim Einkaufen können Sie sich durch **gezielte Auswahl** der Lebensmittel das spätere Kochen erleichtern. Nehmen Sie geriebenen Käse statt z. B. Edamer im Stück, kaufen Sie Wurst und Schinken in Scheiben und wählen Sie statt vier kleiner Stangen Lauch lieber zwei große. Die sind schneller geputzt und geschnitten.
- Lesen Sie das Rezept **einmal komplett** durch. Die Zutaten sind dort in der Reihenfolge aufgeführt, wie sie später in der Zubereitung benötigt werden.
- Bevor Sie mit dem Kochen beginnen, schaffen Sie sich erst einmal **genügend Platz**. Dann stellen Sie Pfannen und Töpfe, die Sie brauchen, auf den Herd.
- **Falls nötig, wiegen** Sie zuerst die im Rezept angegebenen Zutaten ab, dann haben Sie alles schnell zur Hand, wenn es mit dem Kochen los geht.
- Benötigen Sie größere Mengen **kochendes Wasser**, etwa für Nudeln oder Klöße, setzen Sie dies zuerst auf. Heizen Sie den **Backofen** immer rechtzeitig vor.
- Während das Wasser warm wird oder der Backofen aufheizt, können Sie schon das Gemüse oder die Kartoffeln **putzen bzw. schälen**, das Fleisch oder den Fisch **waschen und würzen** oder Essig, Öl und Gewürze für die Salatmarinade verrühren.
- Grundsätzlich sparen Sie Zeit, wenn Sie die Zutaten mit **längeren Garzeiten** wie Fleisch **zuerst**, die mit kurzen Garzeiten, etwa TK-Gemüse zuletzt aufsetzen.

- Auch nicht fehlen dürfen im Vorrat „Basics“ wie Mehl, Zucker, Salz, Pfeffer, Curry, Kräuter der Provence, Muskat, Thymian, Zimt und Sojasoße. Häufig benötigt werden Senf, Ketchup, Mayonnaise, Meerrettich, Backmischungen für Pizza sowie Pudding- und Soßenpulver, Mandeln und Haselnüsse.

Frisches Brot für Gäste

Ciabatta (Italienisches Weißbrot), Baguette, Brot und Brötchen zum Aufbacken sind prima, wenn überraschend Gäste kommen. Oder man reicht sie als knusprige Beilage zur Suppe, zum Fleischgericht oder zum Salat.

PRAKTISCHE KÜCHENHELFER

Wer häufig schnell etwas Gesundes kochen möchte, ist mit einem Schnellkochtopf gut beraten (Foto). Für Lebensmittel, die wie Kohl, Naturreis und getrocknete Hülsenfürchte längere Garzeiten haben, ist der Topf, in dem die Siedetemperatur höher ist als in einem normalen Kochtopf, geradezu ideal.

Außerdem sind verschiedene Küchengeräte hilfreich, die häufig sogar schon im Küchenschrank vorhanden sind. Mit einem Handrührgerät lassen sich Desserts und Kuchenteige ruck, zuck rühren. Cremige Suppen und Soßen gelingen mit einem Pürierstab besonders gut und schnell.

Wiegemesser und Knoblauchpresse sind zum Zerkleinern von Kräutern bzw. Knoblauch hilfreich. Mit einer Gemüsereibe mit mehreren Einsätzen kann man Gemüse rasch raspeln.

Schneller

Grüne und weiße Spaghetti in Speck-Sahnesoße

Zutaten für 4 Personen:

- 400 g weiße und grüne Spaghetti
- Salz
- 100 g geräucherter durchwachsener Speck
- 1 mittelgroße Zwiebel
- 200 g Champignons
- 400 g Schlagsahne
- 1 Bund Petersilie
- 2 Eigelb
- weißer Pfeffer
- 1 EL geriebener Parmesan-Käse

1. Nudeln in reichlich kochendem Salzwasser ca. 10 Minuten garen.

2. In der Zwischenzeit Speck fein würfeln und ausbraten. Zwiebel schälen, würfeln. Pilze putzen, waschen und blättrig schneiden. Beides im Speckfett anbraten. Sahne zugießen und alles ohne Deckel dicklich einkochen lassen. Petersilie waschen und in feine Streifen schneiden.

3. Eigelb mit etwas Sahne verquirlen und in die nicht mehr kochende Soße rühren. Mit Salz und Pfeffer abschmecken. Spaghetti gut abtropfen lassen. Mit der Speck-Sahnesoße, Petersilie und Parmesan-Käse anrichten.
Dazu schmeckt ein frischer Salat.

Zubereitungszeit ca. 20 Min.
Pro Portion ca. 880 kcal / 3690 kJ.
E 17 g, F 52 g, KH 74 g

Beet

Feines Gemüse in Senf-Joghurt-Soße

Zutaten für 4 Personen:

- 750 g Kartoffeln
- 1 Bund junge Möhren
- 750 g Broccoli
- 2 EL Butter/Margarine
- Salz
- weißer Pfeffer
- ca. 2 TL mittelscharfer Senf
- 1 Becher (150 g) Sahne-Joghurt
- 1–2 TL Speisestärke
- 2–3 TL Sesam
- ½ Kästchen Kresse

1. Kartoffeln und Möhren schälen, Broccoli putzen. Alles waschen.

Kartoffeln vierteln oder achteln. Broccoli in Röschen teilen, Stiele schälen und kleinschneiden.

2. Kartoffeln im heißen Fett andünsten. Mit Salz und Pfeffer würzen. 300 ml Wasser angießen und die Kartoffeln 15–20 Minuten garen. Möhren und Broccoli nach etwa 5 Minuten zufügen und mitgaren.

3. Kartoffeln und Gemüse herausheben. Den Gemüsefond im offenen Topf etwas einkochen lassen. Senf, Joghurt und Speisestärke glattrühren, in den Fond rühren und kurz durchköcheln lassen.

4. Das Gemüse wieder hineingeben und erhitzen. Sesam evtl. in einer Pfanne ohne Fett rösten und überstreuen. Kresse abspülen, vom Beet auf das Gemüse schneiden.

Zubereitungszeit ca. 30 Min.
Pro Portion ca. 430 kcal / 1800 kJ.
E 15, F 12, KH 62

Pikante Pilzpfanne mit Apfel

Zutaten für 4 Personen:

- 500 g Champignons
- 250 g Pfifferlinge
- 250 g Austernpilze
- 1 mittelgroße Zwiebel
- 3 EL Öl
- Salz
- schwarzer Pfeffer
- 2 kleine Äpfel
- ½ Töpfchen/Bund Thymian
- 4 EL (60 g) Crème fraîche
- 1–2 EL Preiselbeeren (aus dem Glas)

1. Champignons und Pfifferlinge putzen, waschen. Austernpilze putzen und mit Küchenpapier abreiben. Pilze je nach Größe halbieren oder vierteln.

2. Zwiebel schälen und in feine Würfel schneiden. Öl in einer großen Pfanne erhitzen. Zwiebel darin glasig dünsten. Herausnehmen. Pilze im Bratfett portionsweise unter Wenden goldbraun braten, würzen und herausnehmen.

3. Äpfel gründlich waschen, vierteln und entkernen. Äpfel in dünne Spalten schneiden. Thymian waschen und die Blättchen, bis auf einen Rest zum Garnieren, abzupfen. Äpfel und Thymian in die Pfanne geben und kurz andünsten.

4. Alle Pilze und Zwiebel wieder in die Pfanne geben und erhitzen. Mit Salz und Pfeffer nochmals abschmecken. Mit einem Klecks Crème fraîche, Preiselbeeren und dem übrigen Thymian anrichten. Dazu paßt Bauernbrot.

Zubereitungszeit ca. 30 Min.
Pro Portion ca. 170 kcal / 710 kJ.
E 6 g, F 12 g, KH 9 g

EXTRA-TIP

Im Supermarkt gibt's frische Pilzmischungen mit z. B. Champignons und Austernpilzen, die für dieses Gericht gut geeignet sind.

Gemüse-Frikassee mit Brätbällchen

Zutaten für 4 Personen:

- 500 g Möhren
- 1 Bund Lauchzwiebeln
- 200 g Zuckerschoten oder 300 g TK-Erbsen
- Salz
- ½ Töpfchen Kerbel oder ½ Bund Petersilie
- 2 feine ungebrühte Bratwürste (250–300 g)
- 1 EL Öl
- 1 mittelgroße Zwiebel
- 20 g Butter/Margarine
- 1 EL (20 g) Mehl
- 100 g Schlagsahne
- weißer Pfeffer
- Schale und Saft von ½ unbehandelten Zitrone

1. Gemüse schälen bzw. putzen und waschen. Möhren in Scheiben, Lauchzwiebeln in Stücke schneiden. Möhren in ½ l Salzwasser ca. 8 Minuten kochen. Lauchzwiebeln und Zuckerschoten oder Erbsen 3–4 Minuten mitgaren.

2. Kerbel oder Petersilie waschen und hacken. Brätmasse aus der Haut drücken, mit den Kräutern verkneten und zu Bällchen formen. Öl in einer Pfanne erhitzen. Die Bällchen darin rundherum goldbraun braten, herausnehmen.

3. Inzwischen Zwiebel schälen, würfeln. Fett erhitzen. Zwiebel darin andünsten. Mehl darin anschwitzen. Gemüse abtropfen lassen, das Gemüsewasser auffangen. Gut ⅜ l Gemüsewasser und Sahne einrühren. Alles ca. 5 Minuten köcheln lassen.

4. Die Soße mit Salz, Pfeffer, Zitronenschale und -saft abschmecken. Gemüse und Brätbällchen darin erhitzen. Mit Zitronenscheiben garnieren. Dazu passen Blätterteig-Stangen oder körniger Reis.

Zubereitungszeit ca. 30 Min.
Pro Portion ca. 330 kcal / 1580 kJ.
E 10 g, F 28 g, KH 20 g

Wirsingspalten mit Rahm-Linsen

Zutaten für 4 Personen:

- 400 g vorwiegend festkochende Kartoffeln
- 1 großer Wirsingkohl
- ½ l Gemüsebrühe (Instant)
- 125 g rote Linsen
- 1 Becher (150 g) Crème fraîche
- Salz
- schwarzer Pfeffer
- ½ TL Curry
- 3 Stiele Petersilie

1. Kartoffeln schälen, waschen und grob würfeln. Wirsing putzen,

halbieren und in dicke Spalten schneiden, die am Strunk zusammenhalten.

2. Kartoffeln und Wirsing in Brühe 15–20 Minuten garen. Linsen nach 7 Minuten zugeben und mitgaren.

3. Die Wirsingspalten herausheben, abtropfen lassen und warm stellen. Crème fraîche in die Brühe rühren, kurz aufkochen. Mit Salz, Pfeffer und Curry abschmecken. Petersilie waschen und hacken. Die Soße über den Wirsing geben und mit Petersilie bestreuen.

Zubereitungszeit ca. 25 Min.
Pro Portion ca. 330 kcal / 1380 kJ.
E 17 g, F 10 g, KH 40 g

Tomaten-Artischocken-Pfännchen

Zutaten für 4 Personen:

- 1 Dose (425 ml) Artischockenherzen
- 4 mittelgroße Tomaten
- Fett für die Förmchen
- 1 Knoblauchzehe
- 2 EL Öl (z. B. Olivenöl)
- Salz
- weißer Pfeffer
- 1 Packung (125 g) Mozzarella-Käse
- 1 Baguette (ca. 200 g)
- 40 g Kräuterbutter
- evtl. bunter Pfeffer
- etwas Basilikum zum Garnieren

1. Artischockenherzen abtropfen lassen und halbieren. Tomaten putzen, waschen und vierteln. Artischocken und Tomaten in 4 kleine gefettete Auflaufförmchen oder eine große Form schichten.

2. Knoblauch schälen und hacken oder durch die Knoblauchpresse drücken. Mit Öl, Salz und Pfeffer verrühren. Über das Gemüse träufeln. Im vorgeheizten Backofen (E-Herd: 200 °C / Umluft: 175 °C/ Gas: Stufe 3) 20–25 Minuten backen.

3. In der Zwischenzeit Mozzarella abtropfen lassen und in Scheiben schneiden. Gemüse nach ca. 10 Minuten damit belegen und darauf schmelzen lassen.

4. Baguette in Scheiben schneiden und mit Kräuterbutter bestreichen. Die Pfännchen herausnehmen. Baguette im heißen Backofen oder unter dem Grill ca. 3 Minuten rösten. Pfännchen evtl. mit buntem Pfeffer bestreuen und mit Basilikumblättchen garnieren.

Zubereitungszeit ca. 25 Min.
Pro Portion ca. 400 kcal / 1680 kJ.
E 13 g, F 19 g, KH 41 g

Blumenkohl-Ragout mit Lachsschinken

Zutaten für 4 Personen:

- 750 g Kartoffeln
- Salz
- 1 großer Blumenkohl
- 200 g Lachsschinken
- einige frische Kräuter (z. B. Kerbel und Schnittlauch)
- ½ l Milch
- 1–2 EL Mehl
- 2 EL Butter
- schwarzer Pfeffer
- geriebene Muskatnuß

1. Kartoffeln schälen, waschen und evtl. kleinschneiden. Zugedeckt in Salzwasser ca. 20 Minuten kochen.

2. In der Zwischenzeit Blumenkohl putzen und in Röschen zerteilen. In ½ l kochendem Salzwasser 10–15 Minuten zugedeckt garen.

3. Lachsschinken würfeln. Kräuter waschen, trockenschütteln und, bis auf einen Rest zum Garnieren, fein hacken.

4. Blumenkohl herausnehmen. Milch ins Gemüsewasser gießen und aufkochen. Mehl und Butter glatt verknetenund flöckchenweise in die Soße rühren. und noch ca. 3 Minuten köcheln lassen. Den Blumenkohl wieder hineingeben.

5. Schinken und gehackte Kräuter zufügen. Mit Salz, Pfeffer und Muskat abschmecken. Mit den übrigen Kräutern garnieren. Die Salzkartoffeln dazureichen.

Zubereitungszeit ca. 30 Min.
Pro Portion ca. 440 kcal / 1840 kJ.
E 21 g, F 13 g, KH 50 g

EXTRA-TIP

Wenn Sie die Soße etwas sahniger mögen, rühren Sie zum Schluß 3 EL (ca. 60 g) Crème fraîche oder Schmand hinein, und schmecken Sie sie nochmals mit etwas Salz und Pfeffer ab.

Spitzkohl-Gemüse mit Kernen

Zutaten für 4 Personen:

- 800 g neue Kartoffeln
- 1 großer Spitzkohl (ca. 1 kg)
- 600 g Möhren
- 250 g Champignons
- 4 EL (40 g) Butter/Margarine
- Kümmel
- Salz
- schwarzer Pfeffer
- 4 EL Sonnenblumenkerne
- evtl. etwas Petersilie
- 1 Becher (150 g) saure Sahne oder Schmand

1. Kartoffeln gründlich waschen und vierteln. Gemüse putzen und waschen. Kohl in Streifen

schneiden, Möhren in Scheiben und Pilze blättrig schneiden.

2. Kartoffeln und Gemüse in einem großen Topf im heißen Fett andünsten. ⅛ l Wasser angießen und alles aufkochen.
Mit Kümmel, Salz und Pfeffer kräftig würzen. Alles zugedeckt ca. 15 Minuten garen.

3. Sonnenblumenkerne in einer Pfanne ohne Fett anrösten.
Evtl. Petersilie waschen und die Blättchen abzupfen.

4. Saure Sahne oder Schmand ins Gemüse rühren. Sonnenblumenkerne und Petersilienblättchen darüberstreuen.

Zubereitungszeit ca. 30 Min.
Pro Portion ca. 380 kcal / 1590 kJ.
E 15 g, F 18 g, KH 37 g

Chinakohl mit Kasseler

Zutaten für 4 Personen:

- 750 g Kartoffeln
- Salz
- 2 große Zwiebeln
- 200 g Champignons
- 2 mittelgroße Tomaten
- 1 Chinakohl (ca. 1 kg)
- 400 g mageres ausgelöstes Kasseler-Kotelett
- 2 EL Öl
- 4 TL Gemüsebrühe (Instant)
- weißer Pfeffer
- 1 Bund Petersilie

1. Kartoffeln schälen, waschen und in Salzwasser ca. 20 Minuten zugedeckt kochen.

2. In der Zwischenzeit Zwiebeln schälen, würfeln. Champignons, Tomaten und Kohl putzen und waschen. Pilze in Scheiben, Tomaten in Würfel und Kohl in Achtel schneiden. Kasseler waschen, mit Küchenpapier trockentupfen und würfeln.

3. Öl erhitzen. Zwiebeln darin glasig andünsten. Kasseler, Champignons und Kohl zugeben und unter Wenden mit anbraten. Tomaten unterheben. Mit 6–8 EL Wasser ablöschen. Brühe einrühren und darin auflösen. Alles zugedeckt ca. 5 Minuten schmoren.

4. Mit Salz und Pfeffer würzen. Petersilie waschen und, bis auf etwas zum Garnieren, fein hacken. Über das Gemüse streuen. Kartoffeln abgießen und dazureichen.

Zubereitungszeit ca. 30 Min.
Pro Portion ca. 370 kcal / 1550 kJ.
E 29 g, F 14 g, KH 30 g

EXTRA-TIP

Eine schnelle und pikante Alternative zu Chinakohl ist Chicorée. Dazu 4 Stauden putzen, waschen und längs halbieren. Erst anbraten, dann 5 Minuten schmoren.

Raffinier

Süßsaure China-Pfanne

Zutaten für 3–4 Personen:

- Salz
- 3–4 Lauchzwiebeln
- 1 Dose (425 ml) Ananasstücke
- 175–200 g Langkornreis
- 2 Schweineschnitzel (ca. 300 g)
- 1 EL Öl
- weißer Pfeffer
- 150 g TK-Erbsen
- ca. 3 EL trockener Sherry (fino)
- 1 TL klare Brühe (Instant)
- 1 Glas (350 g) „Fix für China-Pfanne süß-sauer“ oder andere Chinasoße aus dem Glas
- evtl. Petersilie zum Garnieren

1. Für den Reis 3/8 l Salzwasser zum Kochen aufsetzen. Lauchzwiebeln putzen, waschen und in Ringe schneiden. Ananas abtropfen lassen und den Saft dabei auffangen.

2. Reis ins kochende Wasser streuen und bei schwacher Hitze zugedeckt ca. 20 Minuten ausquellen lassen.

3. Schnitzel waschen, trockentupfen, in Streifen schneiden. Öl in einer Pfanne erhitzen. Fleisch darin unter Wenden anbraten. Mit Salz und Pfeffer würzen. Erbsen, Lauchzwiebeln und Ananas untermischen. Mit 200 ml Wasser und Sherry ablöschen, aufkochen. Die Brühe darin auflösen und alles kurz köcheln lassen.

4. „Fix für China-Pfanne“ einrühren und erhitzen. Mit Salz, Pfeffer und 4–5 EL Ananassaft abschmekken. Reis und China-Pfanne anrichten. Evtl. mit Petersilie garnieren.

Zubereitungszeit ca. 25 Min.
Pro Portion ca. 560 kcal / 2340 kJ.
E 27, F 13, KH 83

te Reisküche

Von asiatisch bis zünftig

Fruchtiger Reis mit Cashewkernen

Zutaten für 4 Personen:

- 4 Schweinenackensteaks (à ca. 150 g)
- 1 mittelgroße Zwiebel
- 1 Dose (425 ml) Aprikosen
- 2 EL Butter/Margarine
- 250 g Langkornreis
- 1 EL Curry
- ¼ l klare Brühe (Instant)
- 1 Stange Porree
- 2 mittelgroße Bananen
- 60 g Cashewkerne
- Salz
- schwarzer Pfeffer

1. Fleisch kurz abspülen, trockentupfen und in grobe Würfel schneiden. Zwiebel schälen und würfeln. Aprikosen abtropfen lassen, den Saft dabei auffangen.

2. Fleisch im heißen Fett anbraten. Zwiebel zufügen und glasig dünsten. Reis und Curry zum Fleisch geben und unter Wenden anrösten, bis der Reis glasig wird.

3. Aprikosensaft und Brühe mit heißem Wasser auf gut ½ l Flüssigkeit auffüllen. Reis damit ablöschen. Aufkochen und alles zugedeckt bei mittlerer Hitze ca. 15 Minuten garen.

4. Porree putzen, waschen und kleinschneiden. Aprikosen vierteln. Bananen schälen und würfeln. Porree, Obst und Nüsse unter den Reis mischen und alles ca. 5 Minuten bei schwacher Hitze weitergaren. Mit Salz, Pfeffer und evtl. etwas Curry abschmecken.

Zubereitungszeit ca. 30 Min.
Pro Portion ca. 780 kcal / 3270 kJ .
E 38 g, F 30 g, KH 85 g

Reispuffer mit Paprika-Gemüse

Zutaten für 4 Personen:

- 3 Zwiebeln
- 4 EL Öl
- 200 g Parboiled-Reis
- 1 Zucchini (ca. 200 g)
- je 1 rote, gelbe und grüne Paprikaschote
- 1 Aubergine (ca. 250 g)
- 250 g Tomaten
- 2 Stiele frischer Thymian
- Salz
- weißer Pfeffer
- ¼ l Gemüsebrühe (Instant)
- 1 Scheibe Vollkorntoast
- 2 Eier (Gr. M)
- 3 EL geriebener Parmesan-Käse

1. 1 Zwiebel schälen und würfeln. In 1 EL heißem Öl andünsten. Reis zufügen und kurz mitdünsten. Mit 400 ml Wasser ablöschen. Den Reis ca. 15 Minuten quellen lassen.

2. In der Zwischenzeit die restlichen Zwiebeln schälen und in Spalten schneiden. Gemüse putzen, waschen und kleinschneiden.

3. Gemüse in 1 EL heißem Öl andünsten. Thymian waschen, die Blättchen abstreifen und zum Gemüse geben. Mit Salz und Pfeffer würzen. Brühe zugießen und alles ca. 15 Minuten zugedeckt köcheln lassen.

4. Reis evtl. abtropfen lassen. Toastbrot zerkrümeln. Reis, Eier, Toast und Käse mischen. Mit Salz und Pfeffer würzen. Aus dem Teig in 2 EL heißem Öl portionsweise ca. 12 kleine Puffer backen. Mit dem Gemüse anrichten.

Zubereitungszeit 30–35 Min.
Pro Portion ca. 420 kcal / 1760 kJ.
E 15 g, F 17 g, KH 49 g

EXTRA-TIP

Wenn Sie einmal sehr wenig Zeit zum Kochen haben, sind zum Gemüse auch Kartoffelpuffer aus der Tüte lecker. Die gelingen leicht und schmecken schön knusprig.

Fischhappen auf Lauch-Reis

Zutaten für 4 Personen:

- 2 mittelgroße Stangen (ca. 400 g) Porree (Lauch)
- 6 EL Öl
- 1 Packung (250 g) Basmati- oder Thai-Reis
- ½ l klare Brühe (Instant)
- 600 g Rotbarschfilet
- 1 unbehandelte Zitrone
- Salz
- 3 EL Sojasoße
- 1 gestrichener TL Speisestärke
- weißer Pfeffer

1. Porree putzen, waschen und in Ringe schneiden. In einem Topf in 2 EL heißem Öl andünsten, herausnehmen. Reis kurz im Bratfett

anrösten und mit Brühe ablöschen. Zugedeckt ca. 15 Minuten garen.

2. Inzwischen Fisch waschen und in mundgerechte Stücke schneiden. ½ Zitrone auspressen. Fisch säuern, salzen und kurz ziehen lassen. Fischstücke abtupfen und im restlichen heißen Öl unter Wenden ca. 5 Minuten braten.

3. Bratensatz mit 5 EL Wasser und Sojasoße ablöschen, Stärke mit etwas Wasser glattrühren. Die Soße damit binden. Mit Pfeffer würzen. Fisch in der Soße erwärmen.

4. Den Porree unter den Reis heben. Auf Tellern anrichten und die Fischhappen darauf verteilen. Mit der Soße überziehen. Die restliche Zitronenhälfte in Scheiben schneiden, halbieren und die Fischhappen damit garnieren.

Zubereitungszeit ca. 25 Min.
Pro Portion ca. 540 kcal / 2260 kJ.
E 27 g, F 22 g, KH 54 g

Tomaten-Risotto mit Geflügelleber

Zutaten für 4 Personen:

- 1 mittelgroße Zwiebel
- 1 Knoblauchzehe
- 2 EL Butter/Margarine
- 1 Packung (250 g) Risotto-Reis
- ½ l Tomatensaft
- 375 g Geflügelleber
- 3 Stiele frischer Salbei
- Salz
- weißer Pfeffer
- ca. ⅛ l Gemüsebrühe (Instant)
- 1 Packung (300 g) TK-Erbsen
- 50 g geriebener Parmesan-Käse

1. Zwiebel und Knoblauch schälen und würfeln. 1 EL Fett erhitzen. Zwiebel und Knoblauch darin andünsten. Reis einstreuen und unter Rühren glasig dünsten.

2. Mit Tomatensaft ablöschen und aufkochen. Bei schwacher Hitze ca. 20 Minuten köcheln lassen, dabei öfter umrühren.

3. In der Zwischenzeit Leber abspülen und trockentupfen. Salbei abspülen und Blättchen abzupfen.

4. 1 EL Fett in einer Pfanne erhitzen. Die Leber darin rundherum ca. 4 Minuten braten. Mit Salz und Pfeffer würzen. Salbei im Bratfett schwenken. Alles herausnehmen. Den Bratensatz mit Brühe lösen.

5. Brühe, Erbsen und Käse unter den Reis mischen. Alles weitere 3 Minuten köcheln lassen. Mit Salz und Pfeffer abschmecken. Den Tomaten-Risotto mit Leber und Salbei anrichten.

Zubereitungszeit ca. 30 Min.
Pro Portion ca. 560 kcal / 2350 kJ.
E 35 g, F 16 g, KH 65 g

Vegetarische Paella

Zutaten für 4 Personen:

- 150 g rosa Champignons
- 1 Dose (425 ml) Artischockenherzen
- 1 Knoblauchzehe
- 2 EL Butter/Margarine
- 300 g Parboiled-Reis
- 1 Chilischote
- Salz
- 1 Döschen gemahlener Safran
- 2 Lorbeerblätter
- 100 ml Weißwein
- ¾ l Gemüsebrühe (Instant)
- ½ Bund Thymian
- 150 g TK-Erbsen
- 250 g TK-Pfannengemüse

1. Champignons putzen, waschen und blättrig schneiden. Artischocken je nach Größe halbieren oder vierteln. Knoblauch schälen und durch die Presse drücken oder fein hacken.

2. Fett in einer großen Pfanne erhitzen. Knoblauch und Reis darin glasig dünsten. Chili längs einritzen, entkernen und fein hacken. Reis mit Salz, Safran, Chili und Lorbeer würzen. Mit Wein und der Hälfte der Brühe ablöschen. Alles ca. 20 Minuten garen.

3. Die restliche Brühe nach und nach zugießen. Champignons untermischen. Thymian waschen, hacken und zufügen.

4. Erbsen, Pfannengemüse und Artischocken während der letzten 5 Minuten mitgaren. Paella nochmals kräftig abschmecken.

Zubereitungszeit ca. 30 Min.
Pro Portion ca. 540 kcal / 2260 kJ.
E 14 g, F 13 g, KH 84 g

EXTRA-TIP

Paella ist ein spanisches Nationalgericht, das Sie nach Gusto variieren können. Im Süden ißt man die Reispfanne mit Geflügel, Muscheln Krabben oder mit Kaninchen.

Reistopf mit Hähnchen & Sesam

Zutaten für 4 Personen:

- 250 g Langkornreis
- ½ l Hühnerbrühe (Instant)
- je 1 grüne, rote und gelbe Paprikaschote
- 1 Bund Lauchzwiebeln
- 500 g Hähnchenbrustfilet
- 3 EL Öl
- Salz
- schwarzer Pfeffer
- Edelsüß-Paprika
- 1–2 EL Sesam
- 4 EL Schmand oder Crème fraîche

1. Reis in kochender Brühe bei schwacher Hitze zugedeckt ca. 20 Minuten ausquellen lassen.

2. In der Zwischenzeit Paprika putzen, waschen und in Streifen schneiden. Lauchzwiebeln putzen, waschen und in Ringe schneiden. Fleisch waschen, trockentupfen und in schmale Streifen schneiden.

3. 2 EL Öl erhitzen. Das Fleisch darin rundherum goldbraun braten. Mit Salz und Pfeffer würzen, herausnehmen. 1 EL Öl im Bratfett erhitzen. Paprika und Lauchzwiebeln darin unter Wenden ca. 5 Minuten braten.

4. Den Reis zugeben und ca. 5 Minuten mitbraten. Fleisch wieder zufügen und kurz miterhitzen. Den Reistopf mit Salz, Pfeffer und Paprika abschmecken und mit Sesam bestreuen. Schmand dazureichen.

Zubereitungszeit ca. 30 Min.
Pro Portion ca. 600 kcal / 2520 kJ.
E 35 g, F 27 g, KH 49 g

EXTRA-TIP

Sesam schmeckt nussiger, wenn Sie ihn evtl. mit etwas Fett anrösten. Bereiten Sie gleich etwas mehr zu, dann ist immer etwas parat. Sesam kühl aufbewahren.

Pilz-Reis-Pfanne mit Klößchen

Zutaten für 4 Personen:

- 2 EL Öl
- 2 feine ungebrühte Bratwürste (ca. 250 g)
- 300 g Champignons
- 2 Bund Lauchzwiebeln oder 1 Stange Porree
- 250 g Langkornreis
- 2 EL Gemüsebrühe (Instant)
- 2 Tomaten
- Salz
- weißer Pfeffer
- evtl. Petersilie zum Garnieren

1. Öl in einer großen Pfanne erhitzen. Bratwurstmasse als Klößchen aus der Haut direkt in die Pfanne drücken und darin rundherum ca. 5 Minuten braten. Pilze waschen, halbieren und kurz mitbraten.

2. In der Zwischenzeit Lauchzwiebeln oder Porree putzen, waschen. In Stücke bzw. Ringe schneiden. Nach ca. 3 Minuten in die Pfanne geben und mitdünsten. Alles herausnehmen.

3. Reis im Bratfett anrösten. Mit ½ l heißem Wasser ablöschen. Brühe einrühren und darin auflösen. Alles aufkochen und ca. 20 Minuten köcheln lassen. Tomaten putzen, waschen und würfeln.

4. Klößchen, Pilze und Lauchzwiebeln 5 Minuten vor Ende der Garzeit unter den Reis mischen. Mit Salz und Pfeffer abschmecken. Tomatenwürfel darüberstreuen und evtl. mit Petersilie garnieren.

Zubereitungszeit ca. 30 Min.
Pro Portion ca. 500 kcal / 2090 kJ.
E 15 g, F 22 g, KH 57 g

EXTRA-TIP

Langkornreis ist für Pfannengerichte sowie als Beilage zu Fleisch und Fisch geeignet. Rundkornreis kocht weicher und ist daher für Süßspeisen wie Milchreis genau richtig.

Neues aus

Gratinierter Ziegenkäse mit Birne

Zutaten für 4 Personen:

- 2 EL ganze geschälte Mandeln
- 250 g Ziegenkäse (Rolle)
- 1–2 TL bunter oder eingelegter grüner Pfeffer
- ca. 2 EL Olivenöl
- 4 Birnenhälften (Dose)
- einige Salatblätter
- 4 TL Preiselbeeren (Glas)
- evtl. Petersilie zum Garnieren

1. Mandeln in einer Pfanne ohne Fettzugabe goldbraun rösten und sofort herausnehmen.

2. Den Ziegenkäse in 8 Scheiben schneiden. Mit Pfeffer würzen und mit Olivenöl beträufeln. Auf eine feuerfeste Platte legen und im heißen Backofen (E-Herd: 225 °C/ Umluft: 200 °C/ Gas: Stufe 4) oder unter dem heißen Grill ca. 5–10 Minuten backen, bis der Käse zu schmelzen beginnt.

3. Birnen abtropfen lassen und fächerförmig einschneiden. Birnenfächer, Salatblätter und den gebackenen Käse auf Tellern anrichten. Mit je 1 TL Preiselbeeren, Mandeln und Petersilie garnieren. Dazu schmeckt Baguette.

Zubereitungszeit ca. 20 Min.
Pro Portion ca. 300 kcal / 1260 kJ.
E 13 g, F 20 g, KH 14 g

EXTRA-TIP

Wenn es in Ihrem Supermarkt keinen Ziegenkäse gibt, nehmen Sie Schafskäse (mit 50 % Fett). Schneiden Sie ihn in 4 Scheiben und backen Sie ihn im heißen Ofen.

der Käseküche

Zarter Schmelz für Genießer

Salat mit Pfefferkäse und Champignons

Zutaten für 4 Personen:

- 2–3 EL Weinessig
- Salz
- weißer Pfeffer
- 2 EL Öl
- 1 kleine Zwiebel
- 300 g Kirschtomaten oder kleine reife Tomaten
- 200 g Champignons
- 100 g Feldsalat oder Rauke
- 250 g Weichkäse mit Weißschimmel und grünem Pfeffer

1. Für die Marinade Essig, Salz und Pfeffer in einer Salatschüssel verrühren. Öl darunterschlagen. Zwiebel schälen, fein würfeln und unterrühren.

2. Tomaten putzen, waschen und je nach Größe halbieren oder vierteln. Pilze putzen, waschen und in Scheiben schneiden. Feldsalat oder Rauke putzen, waschen und gut abtropfen lassen. Käse würfeln.

3. Salat, Tomaten und Pilze mit den Käsewürfeln und der Marinade mischen und auf Tellern anrichten. Dazu paßt Vollkornbrot oder frisches Baguette.

Zubereitungszeit ca. 30 Min.
Pro Portion ca. 310 kcal / 1300 kJ.
E 13 g, F 25 g, KH 5 g

EXTRA-TIP

Rühren Sie am besten erst die Salatsoße an und zerkleinern Sie dann das Gemüse. So werden die empfindlichen Vitamine geschont, und die Marinade zieht schön durch.

Zucchini-Tomaten-Gratin mit Mozzarella

Zutaten für 4 Personen:

- 2–3 Packungen (à 125 g) Mozzarella-Käse
- 600 g Zucchini
- 600 g Tomaten
- Fett für die Form
- 2 Knoblauchzehen
- 1 Bund frisches Basilikum
- 6 EL Olivenöl
- Salz
- Pfeffer (z. B. Zitronenpfeffer)
- 2 dicke Scheiben (à ca. 100 g) italienische Mortadella

1. Mozzarella abtropfen lassen und in Scheiben schneiden. Zucchini

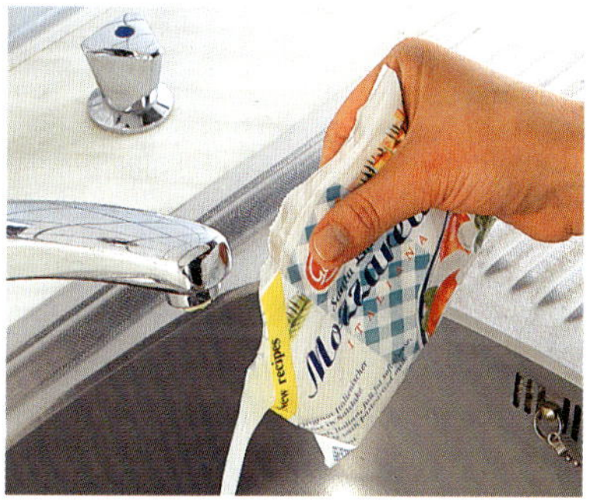

und Tomaten putzen, waschen und in Scheiben schneiden. In eine gefettete feuerfeste Form oder eine ofenfeste Pfanne schichten.

2. Knoblauch schälen, fein hacken oder durch eine Knoblauchpresse drücken. Basilikum waschen, trockentupfen und, bis auf einige Blätter zum Garnieren, fein schneiden. Knoblauch, Basilikum und Öl verrühren. Über Gemüse und Käse verteilen und mit Salz und Pfeffer würzen. Im vorgeheizten Backofen (E-Herd: 200°C / Umluft: 175 ° C / Gas: Stufe 3) 15–20 Minuten backen.

3. In der Zwischenzeit Mortadella würfeln. Nach 7 Minuten über das Gratin streuen und fertig backen. Mit übrigem Basilikum garnieren.

Zubereitungszeit ca. 30 Min.
Pro Portion ca. 740 kcal / 3100 kJ.
E 40 g, F 58 g, KH 9 g

Penne in Schinken-Käse-Soße

Zutaten für 4 Personen:

- 400 g Penne (kurze Röhrennudeln)
- Salz
- 1 kleine Zwiebel
- 50 g mittelalter Gouda-Käse
- 2 EL (20 g) Butter/Margarine
- 2 EL (20 g) Mehl
- ¼ l Milch
- 1 TL Gemüsebrühe (Instant)
- 1 Ecke (62,5 g) Sahne-Schmelzkäse
- Pfeffer (z. B. bunter)
- 2 mittelgroße Tomaten
- 8 dünne Scheiben (à 25 g) gekochter Schinken
- evtl. Basilikum zum Garnieren

1. Nudeln in reichlich kochendem Salzwasser ca. 12 Minuten garen.

2. In der Zwischenzeit Zwiebel schälen und fein würfeln. Käse reiben. Fett erhitzen. Zwiebel darin andünsten. Mehl zufügen und anschwitzen. ¼ l Wasser und Milch unter Rühren angießen. Brühe darin auflösen. Alles aufkochen und ca. 5 Minuten köcheln lassen.

3. Beide Käsesorten in der Soße unter Rühren schmelzen lassen. Mit Salz und Pfeffer abschmecken.

4. Tomaten putzen und waschen, vierteln, entkernen und würfeln. Nudeln abtropfen lassen. Mit Soße und Schinken anrichten. Mit Tomaten und Pfeffer bestreuen und evtl. mit Basilikum garnieren.

Zubereitungszeit ca. 25 Min.
Pro Portion ca. 610 kcal / 2560 kJ.
E 31 g, F 17 g, KH 80 g

Kartoffel-Käse-Suppe mit Shrimps

Zutaten für 4 Personen:

- 800 g große Kartoffeln
- 1 l klare Brühe (Instant)
- 2 Stangen (ca. 400 g) Porree
- 4 Knoblauchzehen
- 200 g TK-Erbsen
- 125 g Tiefsee-Krabbenfleisch (Shrimps)
- 4 TL Zitronensaft
- 2 Ecken (à 62,5 g) Sahne-Schmelzkäse
- Salz
- schwarzer Pfeffer

1. Kartoffeln schälen, waschen und grob würfeln. In Brühe ca. 15 Minuten zugedeckt kochen.

2. Porree putzen, waschen und in Ringe schneiden. Knoblauch schälen, hacken, nach 10 Minuten zu den Kartoffeln geben.

3. Etwa 4 EL Kartoffelwürfel aus der Brühe nehmen. Restliche Kartoffeln und Knoblauch in der Brühe pürieren. Porree und Erbsen in die Suppe geben. Alles weitere 5–8 Minuten köcheln lassen.

4. Krabbenfleisch mit Zitronensaft beträufeln und kurz durchziehen lassen. Inzwischen Schmelzkäse in die Suppe geben und unter Rühren darin schmelzen lassen.

5. Die Suppe mit Salz und Pfeffer abschmecken. Krabben und restliche Kartoffelwürfel kurz darin erwärmen.

Zubereitungszeit ca. 30 Min.
Pro Portion ca. 350 kcal / 1470 kJ.
KH 46 g, F 8 g, E 20 g

EXTRA-TIP

Die Suppe wird schön cremig, wenn Sie den Schmelzkäse in Flöckchen hineingeben und ihn mit einem Schneebesen unter ständigem Rühren langsam auflösen.

mit Käse

Croissants mit Roquefort-Füllung

Zutaten für 6 Stück:

- 6 halbweiche, getrocknete Pflaumen ohne Stein
- 25 g Roquefort-Käse
- 2–3 EL Crème fraîche
- 1 Dose (250 g) gekühlter Frischteig für „6 Croissants"
- 1 Eigelb
- 1 TL Milch oder Schlagsahne
- 150 g Rauke (Rucola)
- 1 Glas (370 ml) Babybirnen oder 1 Dose (425 ml) Birnenhälften
- 1 rote Zwiebel
- 4 EL Weißweinessig
- Salz
- weißer Pfeffer
- 3–4 EL Öl
- Backpapier

1. Pflaumen halbieren. Roquefort und Crème fraîche glattrühren. Teig aus der Dose nehmen. Dreiecke voneinander trennen. Auf der breiten Seite ca. 1 TL Roquefortcreme verteilen. 2 Pflaumenhälften darauflegen, locker aufrollen und zu Hörnchen formen.

2. Auf ein mit Backpapier ausgelegtes Backblech legen. Eigelb und Milch verrühren und die Croissants damit bestreichen. Im vorgeheizten Backofen (E-Herd: 200 °C / Umluft: 175 °C / Gas: Stufe 3) 12–15 Minuten backen.

3. Rauke verlesen und waschen. Birnen abtropfen lassen, fächerförmig einschneiden. Für die Vinaigrette Zwiebel schälen und fein würfeln. Zwiebel und Essig kurz aufkochen. Abkühlen lassen, mit Salz und Pfeffer verrühren. Öl darunterschlagen.

4. Salat und Birnen auf Tellern anrichten und die Vinaigrette darüber verteilen. Die Croissants noch warm dazureichen.

Zubereitungszeit ca. 30 Min.
Pro Portion ca. 500 kcal / 2090 kJ.
E 10 g, F 27 g, KH 45 g

Überbackener Broccoli mit Käse-Hollandaise

Zutaten für 4 Personen:

- 500 g Broccoli
- Salz
- 150 g Butter
- 2 Eigelb
- 4 EL Weißwein
- 50 g Kräuter-Frischkäse (60 % Fett)
- evtl. etwas gemahlener Safran
- weißer Pfeffer
- ca. 1 EL Zitronensaft
- etwas Worcestersoße
- Fett für die Förmchen

1. Broccoli putzen, waschen und in kleine Röschen teilen. In wenig kochendem Salzwasser ca. 8 Minuten garen. Abtropfen lassen.

2. Butter schmelzen und etwas abkühlen lassen. Eigelbe und Wein verrühren und im heißen Wasserbad cremig rühren. Die flüssige Butter zuerst tröpfchenweise, dann im dünnen Strahl unter ständigem Rühren zugießen. Käse in der Soße schmelzen lassen. Evtl. mit Safran würzen. Mit Salz, Pfeffer, Zitronensaft und Worcestersoße abschmecken.

3. Broccoli in 4 gefettete feuerfeste Förmchen legen, die Hollandaise gleichmäßig darüber verteilen. Unter dem heißen Grill oder im vorgeheizten Backofen (E-Herd: 250 °C / Umluft: 225 °C / Gas: Stufe 5) goldbraun überbacken und sofort servieren. Dazu paßt frisches Bauernbrot.

Zubereitungszeit ca. 30 Min.
Pro Portion ca. 360 kcal / 1510 kJ.
E 6 g, F 34 g, KH 4 g

Spaghetti in Knoblauch-Creme mit Parmesan

Zutaten für 4 Personen:

- 4–5 Knoblauchzehen
- 75 g geräucherter durchwachsener Speck
- 1 EL Öl
- 1 EL Mehl
- ⅜ l Gemüsebrühe (Instant)
- 200 g Schlagsahne
- 500 g Spaghetti
- Salz
- 1 Bund glatte Petersilie
- schwarzer Pfeffer
- 50 g Parmesan-Käse im Stück

1. Knoblauch schälen und in dünne Scheiben schneiden. Speck würfeln. Öl in einer Pfanne erhitzen. Den Speck darin knusprig ausbraten. Knoblauch zugeben und bei mittlerer Hitze 2–3 Minuten goldbraun braten. Herausnehmen.

2. Mehl im Bratfett anschwitzen. Nach und nach mit Brühe und Sahne ablöschen. Die Soße bei schwacher Hitze ca. 10 Minuten köcheln lassen.

3. Inzwischen Spaghetti in reichlich kochendem Salzwasser 8–10 Minuten garen.

4. Petersilie waschen. Blättchen abzupfen und in Streifen schneiden. Spaghetti gut abtropfen lassen. Soße mit Salz und Pfeffer abschmecken. Mit den Spaghetti auf einer vorgewärmten Platte anrichten. Mit Knoblauch, Speck und Petersilie bestreuen. Parmesan-Käse darüberraspeln.

Zubereitungszeit ca. 30 Min.
Pro Portion ca. 800 kcal / 3360 kJ.
E 22 g, F 35 g, KH 93 g

Handfest

Gefülltes Omelett mit Gemüse

Zutaten für 2–3 Personen:

- 40 g geräucherter durchwachsener Speck
- 100 g Champignons
- 1 Bund Lauchzwiebeln
- Salz
- weißer Pfeffer
- 6 Eier
- 80 g geriebener Edamer-Käse
- 1 EL Butter/Margarine
- 2 mittelgroße Tomaten
- evtl. Kopfsalat, Tomatenachtel und Petersilie zum Garnieren

1. Speck würfeln und in einer beschichteten Pfanne auslassen. Pilze und Lauchzwiebeln putzen, waschen und in Scheiben schneiden. Zum Speck geben und kurz mit andünsten. Pilzmischung würzen und herausnehmen.

2. Eier, 2 EL kaltes Wasser, Salz und Pfeffer verquirlen. Käse einstreuen und gut unterrühren. Fett in der Pfanne erhitzen.

3. Eier-Käsemasse in die Pfanne gießen. Bei schwacher Hitze leicht stocken lassen, dabei vorsichtig etwas zusammenschieben. Tomaten putzen, waschen und grob würfeln.

4. Pilzmischung und Tomaten auf dem Omelett verteilen und vollständig stocken lassen. Das Omelett aus der Pfanne gleiten lassen und dabei überklappen. Evtl. mit Salat, Tomaten und Petersilie garnieren.

Zubereitungszeit ca. 25 Min.
Pro Portion ca. 430 kcal / 1800 kJ.
E 26 g, F 31 g, KH 9 g

es mit Ei

Omelett, Tortilla & mehr

Porree-Wurst-Rührei mit Salat

Zutaten für 3–4 Personen:

- 1 kleine Zwiebel
- 1 EL Essig
- Salz
- schwarzer Pfeffer
- 2 EL Öl
- 2 kleine Tomaten
- ½ kleine Salatgurke
- einige Blätter Kopfsalat
- 1 kleine Stange Porree
- 125 g Fleischwurst
- 1 TL Butterschmalz
- 4–6 Eier
- 4 EL Milch

1. Für die Marinade Zwiebel schälen und fein würfeln. Mit Essig, Salz und Pfeffer verrühren. Öl darunterschlagen. Tomaten und Gurke putzen, waschen, in Scheiben schneiden. Salat waschen und in Stücke zupfen. Die Salatzutaten mit der Marinade mischen.

2. Porree putzen, waschen und in Ringe schneiden. Wurst aus der Haut lösen, längs halbieren und in Scheiben schneiden. Butterschmalz erhitzen. Porree und Wurst darin ca. 2 Minuten andünsten.

3. Eier und Milch verquirlen. Mit Salz und Pfeffer würzen. Eiermilch über Wurst und Porree gießen. Bei mittlerer Hitze stocken lassen, dabei das Ei mit einem Pfannenwender leicht zusammenschieben.

4. Rührei in der Pfanne in 3–4 Portionen teilen. Mit Salat auf Tellern anrichten. Dazu schmeckt Vollkornbrot mit Butter.

Zubereitungszeit ca. 25 Min.
Pro Portion ca. 270 kcal / 1130 kJ.
E 13 g, F 22 g, KH 3 g

EXTRA-TIP

Diese kleine Mahlzeit wird zum Hauptgericht, wenn Sie die Mengen verdoppeln. Für das Rührei eine große Pfanne nehmen, beim Zubereiten ca. 5 Minuten mehr einplanen.

Fleischkäse-Ragout mit Spiegelei

Zutaten für 4 Personen:

- 300–400 g Fleischkäse
- 1 Stange (ca. 200 g) Porree
- 2 mittelgroße Zwiebeln
- 300 g Tomaten
- 2 EL Öl
- 1 ½ TL klare Brühe (Instant)
- 3 EL saure Sahne
- ½–1 TL Speisestärke
- Salz
- weißer Pfeffer
- Edelsüß-Paprika
- 4 Eier
- evtl. Petersilie zum Garnieren

1. Fleischkäse würfeln. Porree putzen und waschen. Zwiebeln schälen, beides in Ringe schneiden. Tomaten putzen, waschen und kleinschneiden.

2. 1 EL Öl erhitzen. Zwiebeln und Fleischkäse darin anbraten und herausnehmen. Porree im Bratfett ca. 5 Minuten andünsten. Tomaten und ⅜ l Wasser zufügen. Brühe einrühren, darin auflösen und alles einmal aufkochen.

3. Sahne und Stärke verrühren. In die Soße rühren, aufkochen. Mit Salz, Pfeffer und Paprika würzen. Fleischkäse und Zwiebeln darin erwärmen.

4. 1 EL Öl in einer zweiten Pfanne erhitzen. Eier hineinschlagen und zu Spiegeleiern braten, würzen. Fleischkäse-Ragout und Eier anrichten und mit Petersilie garnieren. Dazu paßt Kartoffelpüree.

Zubereitungszeit ca. 30 Min.
Pro Portion ca. 400 kcal / 1680 kJ.
E 21 g, F 31 g, KH 6 g

EXTRA-TIP

Wenn Sie das Gelbe vom Ei gerne etwas weicher mögen, braten Sie die Eier etwa 3 Minuten ohne Deckel. Fester wird das Eigelb, wenn Sie die Pfanne schließen.

Eier-Gemüse-Ragout

Zutaten für 4 Personen:

- 200 g Langkornreis
- Salz
- 2 mittelgroße Möhren
- 8 Eier
- 30 g Butter/Margarine
- 2 EL (30 g) Mehl
- ¼ l Milch
- 2 TL Gemüsebrühe (Instant)
- 3 EL mittelscharfer Senf
- 300 g TK-Erbsen
- weißer Pfeffer
- ½ Bund Dill

1. Reis in ½ l kochendem Salzwasser ca. 20 Minuten ausquellen lassen. Möhren schälen, waschen und in Stifte schneiden. Die Eier ca. 10 Minuten hart kochen.

2. Fett in einem Topf erhitzen. Möhren zufügen und ca. 3 Minuten andünsten. Mehl darin anschwitzen. Mit 300 ml Wasser und Milch ablöschen. Brühe und Senf einrühren. Die Soße aufkochen lassen.

3. Erbsen zufügen und bei schwacher Hitze weitere ca. 5 Minuten köcheln lassen. Das Ragout mit Salz und Pfeffer abschmecken.

4. Eier abschrecken, schälen und in Spalten schneiden. In der

Soße kurz erwärmen. Reis abtropfen lassen. Dill waschen, hacken und über das Ragout streuen. Mit dem Reis servieren.

Zubereitungszeit ca. 30 Min.
Pro Portion ca. 570 kcal / 2390 kJ.
E 27 g, F 22 g, KH 63 g

Eier in scharfer Tomatensoße

Zutaten für 4 Personen:

- 2 mittelgroße Zwiebeln
- 2 Knoblauchzehen
- 1 EL Öl
- 2–3 EL Tomatenmark
- 1 Dose (850 ml) Tomaten
- 8 Eier
- 1 Dose (210 g) Thunfisch
- 10 paprikagefüllte Oliven
- Salz
- weißer Pfeffer
- Edelsüß-Paprika
- 1 Prise Zucker
- einige Spritzer Tabasco
- evtl. grober schwarzer Pfeffer

1. Zwiebeln und Knoblauch schälen und fein würfeln. Im heißen Öl andünsten. Tomatenmark einrühren. Tomaten zufügen und etwas zerkleinern. Ca. 15 Minuten zugedeckt köcheln lassen.

2. In der Zwischenzeit Eier 10 Minuten hart kochen. Thunfisch abtropfen lassen und in Stücke teilen. Oliven in Scheiben schneiden. Beides zur Tomatensoße geben und erhitzen. Mit Salz, Pfeffer, Paprika, Zucker und Tabasco würzig abschmecken.

3. Eier abschrecken, schälen und halbieren. In der Soße anrichten und evtl. mit grobem Pfeffer bestreuen. Dazu paßt Kartoffelpüree oder Butterreis.

Zubereitungszeit ca. 30 Min.
Pro Portion ca. 280 kcal / 1170 kJ.
E 25 g, F 17 g, KH 5 g

EXTRA-TIP

Eier werden jetzt in den Größen S (klein), M (mittel), L (groß) und XL (sehr groß) angeboten. S entspricht der Gewichtsklasse 4, M Klasse 3, L Klasse 2 und XL Klasse 1.

Spanische Sardellen-Tortilla

Zutaten für 4 Personen:

- 5 Tomaten (ca. 400 g)
- 6 Sardellenfilets
- 8 Eier
- 100 ml Milch
- Salz
- weißer Pfeffer
- 2 TL getrocknete Kräuter der Provence
- 1 mittelgroße Zwiebel
- 2 EL (30 g) Öl
- 2 EL Kapern (aus dem Glas)
- einige Stiele frischer oder 2 TL getr. Basilikum
- 4 Scheiben Bauernbrot

1. Tomaten waschen, putzen und achteln. Sardellenfilets abspülen und abtropfen lassen.

2. Eier und Milch mit dem Schneebesen verquirlen. Mit Salz, Pfeffer und Kräutern der Provence würzen. Zwiebel schälen und in Ringe schneiden.

3. Öl in einer beschichteten Pfanne erhitzen. Die Zwiebelringe darin glasig dünsten. Tomaten, Sardellenfilets und Kapern kurz mitdünsten.

4. Die verquirlten Eier darübergießen und bei schwacher Hitze stocken lassen. Dabei mit dem Pfannenwender mehrmals zusammenschieben.

5. Basilikum waschen, trockenschütteln und, bis auf etwas, grob hacken. Rührei mit Basilikum bestreuen und mit den übrigen Blättchen garnieren. Mit dem Bauernbrot servieren.

Zubereitungszeit ca. 25 Min.
Pro Portion ca. 400 kcal / 1680 kJ.
E 23 g, F 21 g, KH 28 g

EXTRA-TIPS

- *Lassen Sie die Tortilla bei milder Hitze stocken, dann gart sie gleichmäßiger durch.*
- *Versuchen Sie Tortilla mal mit Wurst, Schinken, frischem Gemüse oder mit Käse.*

Eier-Pfanne mit Cabanossi

Zutaten für 4 Personen:

- 200 g Cabanossi (Knoblauchwurst)
- 1 Dose (425 ml) Artischockenherzen
- 2 kleine Zwiebeln
- 2 kleine Paprikaschoten
- 8 Eier
- 100 ml Milch
- Salz
- weißer Pfeffer
- Edelsüß-Paprika
- 2 TL Öl
- evtl. frischer Majoran zum Garnieren

1. Wurst in dünne Scheiben schneiden. Artischocken in einem Sieb abtropfen lassen und in Hälften oder Viertel schneiden. Zwiebeln schälen und fein würfeln. Paprika putzen, waschen und in kleine Stücke schneiden.

2. Eier und Milch verquirlen. Mit Salz, Pfeffer und Edelsüß-Paprika würzen.

3. Öl in einer Pfanne erhitzen. Zwiebeln, Wurst, Artischocken und Paprika darin unter Wenden kräftig anbraten.

4. Die Eiermilch in die Pfanne gießen. Bei schwacher Hitze einige Minuten stocken lassen, dabei mit einem Pfannenwender mehrmals zusammenschieben.

5. Die Eier-Pfanne nach Belieben mit Majoran garnieren.
Dazu schmeckt Vollkornbrot oder passen Röstkartoffeln.

Zubereitungszeit ca. 25 Min.
Pro Portion ca. 520 kcal / 2180 kJ.
E 30 g, F 36 g, KH 16 g

Herzhaftes Möhren-Rührei

Zutaten für 4 Personen:

- 2 große Möhren
- einige Blätter Kopfsalat
- 2 EL Essig
- Salz
- weißer Pfeffer
- 1 Prise Zucker
- ½ TL mittelscharfer Senf
- 2–3 EL Öl
- 4 Eier
- 5 EL (50 ml) Milch
- ½ Bund Schnittlauch
- 4 Scheiben Frühstücksspeck (Bacon)

1. Möhren schälen und waschen. 1 Möhre grob raspeln, 1 Möhre in Scheiben schneiden. Kopfsalat putzen und waschen. Gut abtropfen lassen und kleinzupfen.

2. Für die Marinade Essig, Salz, Pfeffer, etwas Zucker und Senf verrühren. Das Öl darunterschlagen. Möhrenscheiben und Salat unter die Marinade heben.

3. Eier und Milch verquirlen. Mit Salz und Pfeffer würzen. Schnittlauch waschen, in Röllchen schneiden. Die Hälfte in die Eiermilch rühren. Speck in der Pfanne knusprig auslassen. Möhrenraspel zugeben, kurz mitbraten. Speck herausnehmen.

4. Die Eiermilch zugießen und bei schwacher Hitze stocken lassen, dabei ab und zu zusammenschieben. Das Möhren-Rührei mit Salat anrichten. Mit Speck und übrigem Schnittlauch bestreuen. Dazu paßt Bauernbrot.

Zubereitungszeit ca. 30 Min.
Pro Portion ca. 230 kcal / 960 kJ.
E 10 g, F 19 g, KH 4 g

EXTRA-TIP

Wenn Sie es pikant mögen, geben Sie 100 g geriebenen Käse, z. B. Emmentaler oder Gouda, in die Eimasse. Praktisch ist fertig geraspelter Käse aus dem Beutel.

Erbsen, Bohnen

Gesundes auf die Schnelle

Linsen...

Linsen in Senfsoße mit Lyoner Wurst

Zutaten für4 Personen:

- 1 Dose (850 ml) Linsen mit Suppengrün
- 1 Stange (ca. 200 g) Porree
- 1 Lyoner Wurst (Fleischwurst mit Knoblauch; 250 g)
- 1 EL Butter/Margarine
- 100 g Schlagsahne
- 100 ml Milch
- 1 TL Gemüsebrühe (Instant)
- 2–3 EL heller Soßenbinder
- 2–3 EL körniger Senf
- Salz
- weißer Pfeffer
- 1 Prise Zucker

1. Ca. 1 l Wasser in einem Topf aufkochen. Linsen evtl. abspülen und abtropfen lassen. Porree putzen, längs einritzen, gut waschen und in feine Ringe schneiden.

2. Wurst im siedenden Wasser ca. 10 Minuten ziehen lassen. Fett in einem Topf erhitzen. Porreeringe darin unter Wenden andünsten. Linsen untermischen und erhitzen.

3. Sahne, Milch und 200 ml Wasser aufkochen. Brühe einrühren, darin auflösen und mit Soßenbinder binden und nochmals aufkochen. Senf einrühren. Mit Salz, Pfeffer und Zucker abschmecken.

4. Wurst häuten und in Scheiben schneiden. Mit Linsen und Soße anrichten. Dazu paßt Baguette.

Zubereitungszeit ca. 25 Min.
Pro Portion ca. 620 kcal / 2600 kJ.
E 31 g, F 30 g, KH 51 g

Rote-Linsen-Salat mit Champignons

Zutaten für 4 Personen:

- 100 g Schinkenwürfel
- 1 mittelgroße Zwiebel
- 200 g rote Linsen
- ca. 100 ml Weißwein-Essig
- 1 Kopf grüner Salat (z. B. Römersalat)
- 250 g Champignons
- 4 mittelgroße Tomaten
- Salz
- weißer Pfeffer
- ca. 1 TL Zucker
- evtl. Petersilie

1. Schinkenwürfel in einer Pfanne ausbraten. Zwiebel schälen und würfeln. Mit Linsen im Speckfett andünsten. 400 ml Wasser und

100 ml Essig einrühren und aufkochen. Alles zugedeckt ca. 10 Minuten köcheln lassen.

2. Inzwischen Salat putzen und waschen. Einige Blätter beiseite legen, Rest in Streifen schneiden. Champignons putzen, waschen und in dünne Scheiben schneiden.

3. Tomaten putzen, waschen und in Spalten schneiden. Salat, Pilze und Tomaten mischen. Linsen in der Flüssigkeit etwas abkühlen lassen. Mit Salz, Pfeffer, Essig und Zucker kräftig abschmecken.

4. Teller mit Salatblättern auslegen. Salatstreifen, Pilze und Tomaten darauf anrichten. Linsen mit Speck und Flüssigkeit gleichmäßig darüber verteilen. Evtl. mit Petersilie garnieren.

**Zubereitungszeit ca. 30 Min.
Pro Portion ca. 380 kcal / 1590 kJ.
E 16 g, F 21 g, KH 29 g**

Bohnen-Mais-Salat mit Feta & Ananas

Zutaten für 4 Personen:

- 2 EL Schmand oder Crème fraîche
- 300 g Vollmilch-Joghurt
- 50 g Walnußkerne
- 1–2 Knoblauchzehen
- Salz
- weißer Pfeffer
- 125 g Feta-Käse
- 1 Dose (425 ml) Kidney-Bohnen
- 1 Dose (425 ml) Maiskörner
- 1 Dose (425 ml) Ananasstücke
- 2 mittelgroße Zwiebeln
- 1 Römersalat oder Kopfsalat

1. Schmand und Joghurt verrühren. Nüsse, evtl. bis auf einige zum Garnieren, hacken. Knoblauch schälen und zerdrükken. Beides unterrühren. Mit Salz und Pfeffer abschmecken.

2. Käse fein zerbröckeln. Bohnen auf einem Sieb kurz mit kaltem Wasser abspülen und gut abtropfen lassen. Maiskörner und Ananas ebenfalls abtropfen lassen. Zwiebeln schälen und würfeln.

3. Salat putzen, waschen und abtropfen lassen. Dann in breite Streifen schneiden. Salat, Mais, Bohnen, Zwiebeln und Ananas mischen. Alles auf einer Platte anrichten. Käse und evtl. die restlichen Nüsse darüberstreuen. Die Schmandsoße dazureichen.

Zubereitungszeit ca. 25 Min.
Pro Portion ca. 410 kcal / 1720 kJ.
E 20 g, F 19 g, KH 38 g

Kichererbsen-Puffer mit Tomaten-Dip

Zutaten für 4 Personen:

- 2 mittelgroße Zwiebeln
- 2 mittelgroße Tomaten
- 1 Dose (236 ml) Ananas
- 1 Dose (850 ml) Kichererbsen
- 4–5 EL Öl
- 500 g stückige Tomaten
- 1 Knoblauchzehe
- 1 Zucchini (ca. 250 g)
- 4 Eier (Gr. M)
- 2 EL (30 g) Mehl
- Salz
- Cayennepfeffer
- 1–2 EL Essig
- 1–2 TL Honig oder Zucker
- 2 EL TK-Petersilie
- evtl. etwas Feldsalat

1. Zwiebeln schälen und hacken. Tomaten waschen, putzen und fein würfeln. Ananas abtropfen lassen und in Stücke schneiden. Kichererbsen abtropfen lassen.

2. 1 EL Öl erhitzen. Hälfte Zwiebeln darin andünsten. Kichererbsen und 1/8 l Wasser zufügen. Ca. 10 Minuten garen und herausnehmen. Stückige Tomaten und übrige Zwiebeln 5–10 Minuten in einem Topf dicklich einkochen. Tomatenwürfel und Ananas kurz darin erhitzen.

3. Knoblauch schälen. Zucchini putzen, waschen und grob raspeln. Knoblauch und 2/3 der Kichererbsen pürieren. Zucchini, Eier, Mehl und übrige Erbsen unterrühren. Mit Salz und Cayennepfeffer feurig abschmecken.

4. Tomaten-Dip mit Essig, Honig oder Zucker, Salz und Cayennepfeffer abschmecken. Petersilie unterheben.

5. 3–4 EL Öl portionsweise in einer Pfanne erhitzen. Aus dem Teig nacheinander ca. 12 Puffer goldbraun backen. Evtl. mit Feldsalat anrichten. Den Tomaten-Dip kalt oder warm dazureichen.

Zubereitungszeit ca. 30 Min.
Pro Portion ca. 480 kcal / 2010 kJ.
E 24 g, F 20 g, KH 48 g

Mexikanisches Chili-Bohnengemüse zu Bratwurst

Zutaten für 4 Personen:

- Salz
- 150 g–200 g Langkornreis
- 1 kleine Gemüsezwiebel
- 1 Knoblauchzehe
- 1 EL Öl
- 4 feine gebrühte Bratwürste (ca. 500 g)
- 1 Glas (720 g) „Kidney-Bohnen in mexikanischer Gemüsesoße" oder andere Kidneybohnen in scharfer Soße
- ½ Bund Petersilie
- weißer Pfeffer
- Chilipulver oder Tabasco

1. Ca. ¾ l Salzwasser aufkochen. Reis hineinschütten und zugedeckt 18–20 Minuten kochen.

2. In der Zwischenzeit Zwiebel und Knoblauch schälen. Zwiebel würfeln, Knoblauch fein hacken oder durch die Knoblauchpresse drücken.

3. Öl in einer Pfanne erhitzen. Bratwürste von beiden Seiten leicht einritzen. Im heißen Öl unter Wenden 5–7 Minuten braten. Herausnehmen und warm stellen.

4. Knoblauch und die Hälfte der Zwiebelwürfel im Bratfett glasig dünsten. Bohnen-Gemüse zufügen und aufkochen. Petersilie waschen und hacken. Reis abgießen.

5. Bohnen-Gemüse mit Salz, Pfeffer, Chilipulver oder Tabasco feurig abschmecken. Mit Bratwurst und Reis anrichten.Übrige Zwiebelwürfel und Petersilie überstreuen.

Zubereitungszeit ca. 25 Min.
Pro Portion ca. 630 kcal / 2640 kJ.
E 22 g, F 35 g, KH 53 g

EXTRA-TIP

Wenn Sie keine scharfen Bohnen bekommen: Nehmen Sie eine große Dose (850 ml) ungewürzte, und schmecken Sie sie mit etwas Tabasco oder Chilipulver ab.

Bohnen & Mais in Tomatensoße

Zutaten für 4 Personen:

- 150 g geräucherter durchwachsener Speck
- 1 EL Öl
- 2 Zwiebeln
- 2 Dosen (à 425 ml) Maiskörner
- 1 Dose (425 ml) weiße Bohnen in Tomatensoße (z. B. Baked Beans)
- 1 Dose (425 ml) Tomaten
- 1 EL gekörnte Brühe (Instant)
- Salz
- weißer Pfeffer
- Edelsüß-Paprika
- ½ Bund Petersilie

1. Speck in schmale Streifen schneiden. Öl in einer Pfanne erhitzen und den Speck darin knusprig ausbraten. Zwiebeln schälen und hacken. Mais in einem Sieb gut abtropfen lassen.

2. Zwiebelwürfel im Speckfett anbraten. Mais sowie Bohnen und Tomaten mit Flüssigkeit in die Pfanne geben. Alles unter gelegentlichem Rühren ca. 5 Minuten schmoren lassen.

3. Das Gemüse mit Brühe, Salz, Pfeffer und Paprika kräftig abschmecken. Petersilie waschen, hacken und über das Gemüse streuen. Dazu schmecken frische Brötchen oder Röstkartoffeln.

Zubereitungszeit ca. 20 Min.
Pro Portion ca. 500 kcal / 2100 kJ.
E 17 g, F 29 g, KH 40 g

EXTRA-TIP

Hülsenfrüchte aus der Dose sind eine gute Alternative zu getrockneten, wenn es fix gehen muß. Diese einfach nur noch erhitzen oder kalt für Salate verwenden.

Spaghettini mit zweierlei Bohnen

Zutaten für 4 Personen:

- 300 g Prinzeßbohnen
- 400 g Spaghettini (dünne Spaghetti)
- Salz
- 150 g Schalotten oder kleine Zwiebeln
- 1–2 Knoblauchzehen
- 4 EL Öl (z. B. Olivenöl)
- 1 Dose (425 ml) grüne oder weiße Bohnenkerne
- weißer Pfeffer
- ½ Töpfchen Basilikum
- 2 EL gemahlene Mandeln
- etwas abgeriebene Schale von ½ unbehandelten Orange
- 40 g geriebener Parmesan-Käse

1. Prinzeßbohnen putzen und waschen. Bohnen und Spaghettini getrennt in kochendem Salzwasser jeweils ca. 8 Minuten garen.

2. Schalotten und Knoblauch schälen. Knoblauch fein hacken. Öl erhitzen. Schalotten und Knoblauch darin goldbraun dünsten.

3. Prinzeßbohnen und Bohnenkerne abtropfen. Beides zufügen und erhitzen. Mit Pfeffer würzen. Basilikum waschen, trockenschütteln und Blättchen abzupfen. Bis auf einen Rest zum Garnieren fein schneiden.

4. Nudeln gut abtropfen lassen. Bohnen, Basilikum, Mandeln und Orangenschale untermischen.

5. Alles anrichten. Mit Parmesan bestreuen und mit dem restlichen Basilikum garnieren.

Zubereitungszeit ca. 30 Min.
Pro Portion ca. 670 kcal / 2810 kJ.
E 25 g, F 17 g, KH 101 g

Westfälischer Bohnen-Topf

Zutaten für 4 Personen:

- 750 g Kartoffeln
- 2 EL Gemüsebrühe (Instant)
- 600 g dicke TK-Bohnen
- 2 Stiele frisches oder ½ TL getrocknetes Bohnenkraut
- 2 Dosen (à 425 ml) weiße Bohnenkerne
- 2 mittelgroße Zwiebeln
- 100 g geräucherter durchwachsener Speck
- Salz
- schwarzer Pfeffer

1. Kartoffeln schälen, waschen und grob würfeln. 1 l Wasser in einem großen Topf aufkochen. Gemüsebrühe darin auflösen. Bohnen, Kartoffeln und Bohnenkraut darin zugedeckt 15–20 Minuten garen.

2. Weiße Bohnen in ein Sieb geben, abspülen und abtropfen lassen. Kurz vor Ende der Garzeit unter den Eintopf mischen und mit erhitzen.

3. In der Zwischenzeit Zwiebeln schälen und in Ringe schneiden. Speck in kleine Würfel schneiden. In einer Pfanne knusprig auslassen und herausnehmen. Zwiebeln im Speckfett goldbraun braten.

4. Bohnen-Topf mit Salz und Pfeffer würzig abschmecken. Evtl. frisches Bohnenkraut herausnehmen. Zwiebelringe und Speckwürfel über den Bohnen-Topf verteilen.

Zubereitungszeit ca. 30 Min.
Pro Portion ca. 710 kcal / 2980 kJ.
E 41 g, F 15 g, KH 98 g

Grüne Kr

Italienische Salbei-Schnitzel

Zutaten für 4 Personen:

- 400 g grüne Nudeln
- Salz
- Pfeffer (z. B. schwarzer Pfeffer)
- 8 dünneScheiben (à ca. 75 g) Schweineschnitzel
- 8 Scheiben Parmaschinken
- 2–3 Stiele Salbei
- 2 EL Öl
- 1 mittelgroße Zwiebel
- 2 Tomaten
- ¼ l Weißwein
- 1 TL Speisestärke
- Holzspießchen

1. Nudeln in Salzwasser 10–12 Minuten garen. In der Zwischenzeit Fleisch abtupfen, etwas flachklopfen und mit Salz und Pfeffer würzen. Je 1 Scheibe Schinken und 2–3 Salbeiblätter darauflegen. Das Fleisch überklappen und mit Holzspießchen feststecken.

2. Fleisch im heißen Öl von jeder Seite 2–3 Minuten braten. Zwiebel schälen und in Ringe schneiden. Tomaten waschen, halbieren, entkernen und würfeln. Beides kurz mit anbraten. Schnitzel und Tomaten warm stellen.

3. Den Bratensatz mit Wein ablöschen und ca. 2 Minuten einkochen lassen. Stärke und 2 EL Wasser glattrühren. Den Fond damit binden. Mit Salz und Pfeffer abschmecken. Nudeln abgießen, Mit Tomaten, Schnitzeln und Soße anrichten. Dazu passen Bandnudeln mit Tomatenwürfeln.

Zubereitungszeit ca. 30 Min.
Pro Portion ca. 730 kcal / 3060 kJ.
E 47, F 22, KH 76

äuterküche

Frische ist Trumpf

Kräuterquark zu Spießen & Pellkartoffeln

Zutaten für 4 Personen:

- 750 g mittelgroße Kartoffeln
- je 1 Bund Schnittlauch, Petersilie und Dill
- 500 g Sahnequark (40 % Fett)
- 3–4 EL Mineralwasser
- Salz
- schwarzer Pfeffer
- ½ Kopfsalat
- 1 Bund Radieschen
- 2 EL Essig
- etwas Zucker
- 2 EL Öl
- 100 g Champignons
- 2–3 Schweineschnitzel (ca. 400 g)
- Holzspieße

1. Kartoffeln waschen. In Wasser zugedeckt ca. 20 Minuten kochen.

2. Kräuter waschen und kleinschneiden. Alles, bis auf 2 EL Schnittlauch, mit Quark und Mineralwasser verrühren. Mit Salz und Pfeffer abschmecken.

3. Salat putzen, waschen und kleinzupfen. Radieschen putzen, waschen und evtl. halbieren. Essig, Salz, Pfeffer, Zucker und 1 EL Öl verrühren.

4. Pilze putzen, kurz waschen und halbieren. Schnitzel würfeln. Beides auf Spieße stecken. In 1 EL Öl 3–4 Minuten rundherum braun braten und mit Salz und Pfeffer würzen.

5. Kartoffeln abgießen, schälen. Salat mit Marinade mischen. Beides mit Spießen und Kräuterquark anrichten. Mit übrigem Schnittlauch bestreuen.

Zubereitungszeit ca. 30 Min.
Pro Portion ca. 620 kcal / 2600 kJ.
E 40, F 28 KH 42

Feine Lachs-Röllchen mit Dill-Reis

Zutaten für 4 Personen:

- 75 g Risotto-Reis
- Salz
- 1 Bund Dill
- ca. 1 TL geriebener Meerrettich (Glas)
- abgeriebene Schale und Saft von ½ unbehandelten Zitrone
- 125 g Räucherlachs in großen dünnen Scheiben
- evtl. Zitronen und Dillblüten zum Garnieren
- Klarsichtfolie

1. Reis in ¼ Liter kaltem Wasser mit wenig Salz aufkochen. Zugedeckt bei schwacher Hitze 15-20 Minuten ausquellen lassen. Abkühlen lassen.

2. In der Zwischenzeit Dill fein hacken. Unter den Reis rühren. Mit Meerrettich, Zitronenschale und -saft abschmecken. Lachsscheiben überlappend auf Klarsichtfolie zu einem Rechteck auslegen. Dünn mit Reis bestreichen und mit Hilfe der Folie von der Längsseite her fest aufrollen.

3. Die Röllchen schräg in ca. 12 Scheiben schneiden, evtl. auf Zitronenscheiben anrichten und mit Dillblüten garnieren. Dazu paßt grüner Salat mit Zitronen-Dressing und frisches Baguette.

Zubereitungszeit ca. 30 Min.
Pro Portion ca. 160 kcal / 670 kJ.
E 10 g, F 6 g, KH 15 g

Lammkoteletts in Thymian-Kruste

Zutaten für 4 Personen:

- 4–5 mittelgroße Tomaten
- 3 kleine Zwiebeln
- 2 EL Weißwein-Essig
- Salz
- schwarzer Pfeffer
- Zucker
- 4 EL Öl (z. B. Olivenöl)
- 2–3 EL schwarze Oliven
- 12 kleine Lammkoteletts
- 2–3 EL mittelscharfer Senf
- 2–3 Stiele frischer oder 1 TL getrockneter Thymian
- ca. 6 EL Paniermehl
- 2 Eier
- etwas Salat, Petersilie und Zitrone zum Garnieren

1. Tomaten putzen, waschen und in Spalten schneiden. Zwiebeln schälen und in feine Spalten schneiden. Essig mit Salz, Pfeffer und Zucker würzen. 2 EL Öl darunterschlagen. Tomaten, Zwiebeln und Oliven mit der Marinade mischen. Etwas ziehen lassen.

2. In der Zwischenzeit Lammkoteletts waschen und trockentupfen. Mit Salz und Pfeffer würzen und mit Senf bestreichen.

3. Thymian waschen und, bis auf etwas, fein hacken. Thymian und Paniermehl mischen. Eier verschlagen. Die Koteletts zuerst in Ei, dann im Paniermehl wenden. 2 EL Öl erhitzen und die Koteletts darin von jeder Seite ca. 3 Minuten goldbraun braten.

4. Den Tomatensalat abschmecken und mit den Lammkoteletts anrichten. Mit Salat, Petersilie, Thymian und Zitrone garnieren. Dazu paßt Knoblauch-Baguette.

Zubereitungszeit ca. 30 Min.
Pro Portion ca. 550 kcal / 2310 kJ.
E 36 g, F 36 g, KH 17 g

EXTRA-TIP

Das Gericht schmeckt auch mit Schweinekotelett oder Putenschnitzel sehr lecker.

Zucchini-Platte mit Möhren-Kräuter-Käse

Zutaten für 6 Personen:

- 3 mittelgroße Kartoffeln
- Salz
- je 3 mittelgroße grüne und gelbe Zucchini
- 1 Knoblauchzehe
- 2 EL Olivenöl
- ½ l Gemüsebrühe (Instant)
- 200 g Möhren
- 2 Zwiebeln
- 1 Beet Kresse
- 2 Töpfe Schnittlauch
- 1 Bund Petersilie
- 750 g Magerquark
- 1 Packung (150 g) Frischkäse mit Kräutern (60% Fett)
- schwarzer Pfeffer
- einige Spritzer Zitronensaft

1. Kartoffeln waschen und in kochendem Salzwasser zugedeckt ca. 20 Minuten garen.

2. Zucchini putzen, waschen und längs halbieren. Knoblauch schälen und fein hacken. Öl in einer großen Pfanne erhitzen, Knoblauch darin andünsten. Die Zucchini mit der Schnittkante darin ebenfalls kurz andünsten. Mit Brühe ablöschen und die Zucchini ca. 12 Minuten garen.

3. Inzwischen für den Dip Möhren und Zwiebeln schälen, fein würfeln und blanchieren. Kräuter waschen und hacken. Möhren, Zwiebeln, Kräuter, Quark und Frischkäse vermischen. Mit Salz, Pfeffer und Zitronensaft abschmecken und etwas ziehen lassen.

4. Kartoffeln halbieren. Kartoffeln und Gemüse dick mit dem Kräuter-Dip bestreichen. Evtl. mit frischen Kräutern bestreuen.

Zubereitungszeit ca. 30 Min.
Pro Portion ca. 300 kcal / 1260 kJ.
E 24 g, F 12 g, KH 22 g

Schaum-Omelett mit Kerbelcreme

Zutaten für 4 Personen:

- 4 Bund/Töpfchen Kerbel
- 8 Eier (Gr. M)
- 2 EL Zitronensaft
- 4 EL (40 g) Speisestärke
- Salz
- grober Pfeffer
- geriebene Muskatnuß
- 4 EL Butter/Margarine
- 6 Möhren (ca. 500 g)
- 250 g Zuckerschoten oder 300 g TK-Erbsen
- 2 TL Gemüsebrühe (Instant)
- 1 Becher (150 g) Crème fraîche

1. Kerbel waschen, trockenschütteln. Einige Stiele beiseite legen. Vom Rest Blättchen abzupfen. Eier trennen. Eiweiß steif schlagen. Zitronensaft und Eigelb unterziehen. Stärke darübersieben und unterheben. Mit Salz, Pfeffer und Muskat würzen. Die Hälfte Kerbel unterheben.

2. Fett in 2 Pfannen erhitzen. Je eine Hälfte beiseite gelegten Kerbel und Eimasse hineingeben. Zugedeckt bei schwacher Hitze 15–20 Minuten stocken lassen.

3. In der Zwischenzeit Möhren schälen, waschen und in Scheiben schneiden. Zuckerschoten putzen, waschen. 200 ml Wasser aufkochen. Brühe darin unter Rühren auflösen. Die Möhren darin ca. 8 Minuten, die Zuckerschoten oder Erbsen ca. 5 Minuten garen. Mit Crème fraîche verfeinern und mit Salz und Pfeffer abschmecken. Den übrigen Kerbel unterheben.

4. Die Omeletts auf 2 Teller gleiten lassen, mit dem Gemüse füllen und zur Hälfte überklappen. Zum Servieren die Omeletts halbieren.

Zubereitungszeit ca. 30 Min.
Pro Portion ca. 460 kcal / 1930 kJ.
E 19 g, F 30 g, KH 26 g

Fit mit Jo

Lammspieße mit Joghurt-Minzsoße

Zutaten für 4 Personen:

- 1 Töpfchen/Bund Minze
- 1 Limette oder Zitrone
- 1–2 Knoblauchzehen
- 2 Becher (à 150 g) Sahne-Joghurt
- Salz
- weißer Pfeffer
- 1 rote Chilischote
- 600 g Lammfilet
- 3 EL Öl
- 8 Holzspieße

1. Minze waschen, trockentupfen und die Blättchen, bis auf einige zum Garnieren, in feine Streifen schneiden. Limette waschen, trockentupfen und die Schale fein abreiben. Limette halbieren und eine Hälfte auspressen. Knoblauch schälen und durch die Knoblauchpresse drücken.

2. Joghurt, Knoblauch, Limettenschale und Minzstreifen, bis auf etwas zum Bestreuen, verrühren. Mit Salz, Pfeffer und Limettensaft pikant abschmecken.

3. Chilischote waschen, längs aufschneiden, entkernen und in feine Ringe schneiden oder hacken. Fleisch waschen, trockentupfen und in Würfel schneiden. Fleischwürfel auf 8 Spieße ziehen.

4. Öl in einer großen Pfanne erhitzen und die Spieße unter Wenden darin 6-8 Minuten braten. Mit Salz und Chili würzen und auf 4 Teller verteilen. Etwas Joghurtsoße über die Spieße geben. Mit restlichen Minzblättchen und Limettenscheiben garnieren. Die übrige Soße extra dazu reichen. Dazu schmeckt Fladenbrot oder passen knusprige Röstkartoffeln.

Zubereitungszeit ca. 30 Min.
Pro Portion ca. 300 kcal / 1260 kJ.
E 34 g, F 16 g, KH 3 g

ghurt & Quark

Die haben es in sich !

Kräuter-Joghurt-Cremesuppe

Zutaten für 3–4 Personen:

- 1 kleine Zwiebel
- 20 g Butter/Margarine
- 30 g Mehl
- ½ l Milch
- 1 EL Gemüsebrühe (Instant)
- Salz
- weißer Pfeffer
- 100 ml Schlagsahne
- 2–3 EL Sahne-Joghurt
- 150 g Kirsch- oder 3 kleine Tomaten
- 1 Bund Schnittlauch
- 2 Bund Petersilie
- 1 Töpfchen frischer Kerbel oder einige Stiele Basilikum

1. Zwiebel schälen und fein würfeln. Fett erhitzen. Zwiebel darin andünsten. Mehl zufügen und anschwitzen. Milch unter Rühren

zugießen und aufkochen. Brühe darin auflösen. Mit Salz und Pfeffer abschmecken. Ca. 5 Minuten köcheln lassen.

2. Sahne einrühren, Suppe damit verfeinern. Joghurt einrühren und nicht mehr kochen lassen.

3. Tomaten putzen, waschen und halbieren bzw. in Spalten schneiden. Kräuter waschen und trockenschütteln. Schnittlauch fein schneiden, Petersilie hacken. Kerbel- oder Basilikumblättchen abzupfen.

4. Kräuter, bis auf etwas zum Bestreuen, und Tomaten in die Suppe rühren. In tiefen Tellern anrichten und mit den restlichen Kräutern bestreuen.

Zubereitungszeit ca. 20 Min.
Pro Portion ca. 260 kcal / 1090 kJ.
E 7 g, F 19 g, KH 14 g

Quark-Plinsen mit Paprika

Zutaten für 4 Personen:

- 400 g Magerquark
- 100 g Weizenmehl (Type 1050)
- Salz
- 3 Eier (Gr. M)
- 1 Packung (25 g) TK-Kräuter-Mischung
- 3 Paprikaschoten (z. B. rot, grün und gelb)
- 1 Bund Lauchzwiebeln
- 5 EL Öl
- 1 Packung (500 g) stückige Tomaten
- weißer Pfeffer
- 1 EL Kürbiskerne
- 2–3 EL Crème fraîche
- evtl. Basilikum zum Garnieren

1. Quark mit Mehl, ½ TL Salz, Eiern, Kräutern und 3–4 EL Wasser glatt verrühren.

2. Paprika und Lauchzwiebeln putzen, waschen und kleinschneiden. 2 EL Öl in einem Topf erhitzen. Paprika darin ca. 5 Minuten andünsten. Lauchzwiebeln kurz mitdünsten. Tomaten zufügen. Alles aufkochen und mit Salz und Pfeffer abschmecken.

3. 1 EL Öl in der Pfanne erhitzen. Aus dem Teig 4 Plinsen von beiden Seiten goldbraun backen, warm stellen. Im restlichen heißen Öl in 2 Portionen 8 weitere Quark-Plinsen backen.

4. Kürbiskerne hacken. Plinsen und Paprika anrichten. Je 1 TL Crème fraîche daraufgeben, mit Kernen bestreuen. Die übrige Crème fraîche dazureichen. Evtl. mit Basilikum garnieren.

Zubereitungszeit ca. 30 Min.
Pro Portion ca. 490 kcal / 2050 kJ.
E 26 g, F 28 g, KH 31 g

EXTRA-TIP

Backen Sie Plinsen auch mal mit Buchweizenmehl (gibt´s im Reformhaus). Damit schmecken die Küchlein etwas würziger und nussiger.

Joghurt- & Quark-Dips zu Ofenkartoffeln

Zutaten für 4 Personen:

- 1 kg mittelgroße Kartoffeln
- 2 EL grobes Salz
- 2–3 EL Kräuter der Provence
- 2 Eier
- 2 Lauchzwiebeln
- 1 Bund Radieschen
- 1 Knoblauchzehe
- 300 g Vollmilch-Joghurt
- Salz
- schwarzer Pfeffer
- 1 EL Kapern (Glas)
- 1 Bund Schnittlauch
- 250 g Speisequark (20 % Fett i. Tr.)
- 5 EL Milch

1. Kartoffeln gründlich waschen, der Länge nach halbieren und in Wasser ca. 10 Minuten vorgaren. In der Zwischenzeit ein Backblech mit grobem Salz bestreuen. In Abständen kleine Kräuterhäufchen daraufstreuen.

2. Kartoffeln abgießen. Mit der Schnittfläche nach unten auf die Kräuter setzen. Im vorgeheizten Backofen (E-Herd: 200 ° C / Umluft: 175 °C / Gas: Stufe 3) 15-20 Minuten backen. Eier 10 Minuten hart kochen.

3. In der Zwischenzeit für den Joghurt-Dip Lauchzwiebeln und Radieschen putzen, waschen und fein schneiden. Knoblauch schälen und fein hacken. Joghurt glattrühren. Knoblauch und Gemüse unterrühren. Den Dip mit Salz und Pfeffer abschmecken.

4. Für den Quark-Dip die Eier abschrecken, schälen und fein würfeln. Kapern fein hacken. Schnittlauch waschen, in Röllchen schneiden. Quark mit Milch glattrühren.Eier, Schnittlauch und Kapern vorsichtig unter den Quark heben. Mit Salz und Pfeffer abschmecken. Die beiden Dips zu den Ofenkartoffen reichen.

Zubereitungszeit ca. 30 Min.
Pro Portion ca. 310 kcal / 1300 kJ.
E 21 g, F 6 g, KH 40 g

Gurken-Kaltschale mit Krabben

Zutaten für 4 Personen:

- 1 Salatgurke (ca. 500 g)
- 2 Becher (à 500 g) Vollmilch-Joghurt oder Dickmilch (3,5 % Fett)
- 1 kleine Zwiebel
- 1–2 Knoblauchzehen
- 1 Bund Dill
- Salz
- weißer Pfeffer
- 2 EL Zitronensaft
- 2–3 EL Olivenöl
- 100–150 g Krabbenfleisch
- 2 mittelgroße Tomate

1. Gurke gut waschen oder dünn schälen. Auf einer Haushaltsreibe grob raspeln.

2. Gurkenraspeln und Joghurt oder Dickmilch verrühren. Zwiebel

und Knoblauch schälen, beides hacken. Dill waschen und, bis auf etwas zum Garnieren, hacken. Alles unter den Joghurt rühren.

3. Die Gurken-Kaltschale mit Salz, Pfeffer und Zitronensaft abschmecken. Öl unterrühren.

4. Krabben kurz kalt abspülen und trockentupfen. Tomaten putzen, waschen und in Würfel schneiden. Krabben und Tomatenwürfel kurz vor dem Servieren über die Kaltschale streuen. Mit dem restlichem Dill garnieren. Dazu schmeckt frisches Bauernbrot.

Zubereitungszeit ca. 20 Min.
Pro Portion ca. 310 kcal / 1300 kJ.
E 16 g, F 20 g, KH 15 g

Oliven-Quark mit Kräutern

Zutaten für 4 Personen:

- 3 Lauchzwiebeln
- 100 g paprikagefüllte Oliven
- je 1 Bund Petersilie und Dill
- 1 Kästchen Kresse
- 500 g Magerquark
- 1 Becher (200 g) flüssige saure Sahne
- 1 Knoblauchzehe
- Salz
- schwarzer Pfeffer

1. Lauchzwiebeln putzen, waschen und in feine Ringe schneiden. Oliven grob hacken. Petersilie und Dill waschen, trockenschütteln. Kresse abspülen und vom Beet schneiden. Kräuter sehr fein hacken oder pürieren.

2. Quark und saure Sahne glatt verrühren. Knoblauch schälen und durch die Knoblauchpresse direkt in den Quark drücken. Lauchzwiebeln, Kräuter und Oliven, bis auf etwas zum Verzieren, unterheben.

3. Den Olivenquark mit Salz und Pfeffer abschmecken und mit restlichen Kräutern und Oliven garnieren. Dazu schmecken schwedische Vollkornbrötchen (Krisprolls) oder Brot-Chips.

Zubereitungszeit ca. 30 Min.
Pro Portion ca. 250 kcal / 1050 kJ.
E 18 g, F 15 g, KH 8 g

Hackbällchen in Feta-Kefir-Soße

Zutaten für 4 Personen:

- 1 EL Pinienkerne
- 1 EL Öl (z. B. Olivenöl)
- 2 Packungen (à 250 g) TK-Hackbällchen
- 2 Knoblauchzehen
- 200 g Salatgurke
- ½ Bund Lauchzwiebeln
- 100 g Feta-Käse
- 1 Becher (500 g) Kefir oder Vollmilch-Joghurt
- 2 EL stichfeste saure Sahne
- etwas Zitronensaft
- Salz
- schwarzer Pfeffer
- evtl. geschroteter Chili, Zitrone und Petersilie

1. Pinienkerne in einer Pfanne ohne Fett goldbraun rösten und sofort herausnehmen. Öl erhitzen, Hackbällchen unaufgetaut hineingeben und darin unter Wenden ca. 10 Minuten braten.

2. In der Zwischenzeit Knoblauch schälen und fein hacken. Gurke waschen, fein würfeln. Lauchzwiebeln putzen, waschen und in dünne Ringe schneiden. Den Feta-Käse grob zerbröckeln.

3. Hackbällchen warm stellen. Knoblauch und Lauchzwiebeln im Bratfett andünsten. Kefir, saure Sahne, Gurke und Käse einrühren und erhitzen. Nicht kochen!
Mit Zitronensaft, Salz und Pfeffer pikant abschmecken.

4. Bällchen und Soße anrichten. Mit Kernen und evtl. Chili bestreuen. Mit Zitronenschnitz und Petersilie garnieren. Dazu schmeckt Fladenbrot oder Pommes frites.

Zubereitungszeit ca. 30 Min.
Pro Portion ca. 450 kcal / 1890 kJ.
E 35 g, F 27 g, KH 13 g

EXTRA-TIP

Kefir ist ein prickelndes Getränk, das mit bestimmten Milchsäurebakterien gewonnen wird. Da das Eiweiß leicht ausfällt, darf die Soße nach dem Einrühren nicht kochen.

Kartoffeln mit Radieschen-Joghurt und Ei

Zutaten für 4 Personen:

- 750 g neue Kartoffeln
- 2 Bund Radieschen
- ½ Salatgurke
- 2 Becher (à 150 g) Vollmilch-Joghurt
- 1 Packung (250 g) Kräuterquark
- Salz
- weißer Pfeffer
- 1 Bund Petersilie
- 1 Bund Schnittlauch
- 4–6 Eier

1. Kartoffeln gründlich abbürsten und waschen. In Wasser zugedeckt ca. 20 Minuten garen.

2. In der Zwischenzeit Radieschen putzen und waschen. Einige beiseite legen. Den Rest in Stifte schneiden. Gurke waschen und grob raspeln.

3. Joghurt, Quark, Gurke und Radieschen verrühren. Mit Salz und Pfeffer abschmecken. Kräuter waschen und fein schneiden. Unter den Joghurt heben.

4. Eier in 8 Minuten wachsweich kochen. Kalt abschrecken und schälen. Kartoffeln abgießen, abschrecken und und evtl. die Schale abziehen.

5. Eier halbieren. Mit Kartoffeln, Radieschen-Joghurt und den ganzen Radieschen anrichten.

Zubereitungszeit ca. 35 Min.
Pro Portion ca. 340 kcal / 1420 kJ.
E 18 g, F 12 g, KH 37 g

EXTRA-TIP

Joghurt, Quark und Milch sind besonders reich an Kalzium. Schon ½ l Milch deckt den Tagesbedarf an dem für die Knochen so wichtigen Mineralstoff.

Hits für

Spaghetti mit Tomaten-Soße & Ei

Zutaten für 4 Personen:

- 400 g Spaghetti
- Salz
- 1 Ei
- 1 mittelgroße Zwiebel
- 150 g gekochter Schinken in Scheiben
- 1 EL (20) g Butter/Margarine
- 2 EL Tomatenmark
- 2 leicht gehäufte EL (30 g) Mehl
- 200 ml Gemüsebrühe
- 1 Dose (425 ml) Tomaten
- 150 g TK-Erbsen
- weißer Pfeffer
- 1–2 EL Tomatenketchup

1. Spaghetti in Salzwasser ca. 12 Minuten garen. Ei 10 Minuten hart garen. Inzwischen Zwiebel schälen und in kleine Würfel, Schinken in Streifen schneiden.

2. Fett in einem Topf erhitzen. Zwiebel darin goldgelb dünsten. Tomatenmark einrühren. Mehl darüberstäuben und unter das Tomatenmark rühren. Alles kurz anschwitzen. Brühe angießen, kräftig rühren, bis die Soße schön glatt ist.

3. Tomaten aus der Dose zur Soße geben und zerkleinern. Alles aufkochen. Schinken und Erbsen zugeben, ca. 5 Minuten köcheln lassen. Die Soße mit Salz, Pfeffer und Ketchup abschmecken.

4. Ei abschrecken, schälen und mit einem Messer oder Eierschneider würfeln (1 x längs, 1 x quer). Nudeln abgießen und gut abtropfen lassen. Mit Soße und den Eiwürfeln anrichten.

Zubereitungszeit ca. 30 Min.
Pro Portion ca. 510 kcal / 2140 kJ.
E 19 g, F 9 g, KH 86 g

Kids

Was Kinder gerne essen

Löwen-Pizza mit Käse

Zutaten für 4 Personen:

- 1 Dose gekühlter Frischteig für „4 französische Baguette-Brötchen"
- Mehl zum Ausrollen
- 4 paprikagefüllte Oliven
- 4 Scheiben Schmelzkäse (z. B. für Cheeseburger)
- 4 EL Zigeunersoße oder Tomatenketchup
- 4 Scheiben Fleischwurst
- 2 Möhren (ca. 200 g)
- einige Schnittlauchhalme
- Backpapier

1. Teig in 4 Rechtecke teilen. Auf wenig Mehl zu je 1 Quadrat (13 x 13 cm) ausrollen. Daraus je 1 großen Kreis ausstechen und auf ein mit Backpapier ausgelegtes Backblech legen. Aus den Resten 8 Ohren formen und fest auf die Kreise drücken.

2. Oliven halbieren. Aus dem Käse mit einem Trinkglas 4 Kreise (à ca. 7 cm Ø) ausstechen. Teigkreise mit Zigeunersoße oder Ketchup bestreichen. Käse darauflegen. Die Oliven als Augen und die Wurst als Mund darauflegen. Im vorgeheizten Backofen (E-Herd: 200 °C / Umluft: 175 °C/ Gas: Stufe 3) ca. 15 Minuten goldbraun backen.

3. Inzwischen Möhren schälen, waschen und raspeln. Schnittlauch

waschen. Pizza mit Möhren als Haare und mit Schnittlauch als Barthaare garnieren.

Zubereitungszeit ca. 35 Min.
Pro Portion ca. 230 kcal / 960 kJ.
E 11 g, F 6 g, KH 32 g

Blumenkohl-Suppe mit Würstchen

Zutaten für 4 Personen:

- Salz
- ca. ⅜ l Milch
- 1 Blumenkohl
- 1 Dose (212 ml) Maiskörner
- 1 mittelgroße Zwiebel
- 2 EL Butter/Margarine
- 1 gehäufter EL (20 g) Mehl
- 100 g Schmelzkäse
- weißer Pfeffer
- evtl. geriebene Muskatnuß
- 100 g TK-Erbsen
- 1 Glas (380 g) Mini-Würstchen
- 2 EL TK-Petersilie

1. Gut ½ l leicht gesalzenes Wasser mit Milch aufkochen. In der Zwischenzeit Blumenkohl putzen, waschen und in Röschen teilen. Den Blumenkohl darin zugedeckt 10–15 Minuten garen.

2. Mais gut abtropfen lassen. Zwiebel schälen und würfeln. Den Blumenkohl abtropfen lassen, dabei das Gemüsewasser auffangen.

3. Fett in einem Topf erhitzen. Zwiebel darin andünsten. Mehl darüberstäuben und anschwitzen. Mit Gemüsewasser unter ständigem Rühren ablöschen. Aufkochen und ca. 5 Minuten köcheln lassen. Käse zugeben und schmelzen. Mit Salz, Pfeffer und evtl. etwas Muskat abschmecken.

4. Blumenkohl, Erbsen, Mais und Würstchen in der Suppe ca. 3 Minuten erhitzen, nicht mehr kochen lassen! Petersilie ebenfalls in der Suppe kurz erhitzen und alles auf Suppentellern anrichten.

Zubereitungszeit ca. 30 Min.
Pro Portion ca. 410 kcal / 1720 kJ.
E 19 g, F 25 g, KH 24 g

EXTRA-TIP

Wenn Sie keine Miniwürstchen bekommen, nehmen Sie 4 Wiener Würstchen (à 80 g) und schneiden Sie sie in kleine Stücke oder Scheiben.

Wiener-Gulasch „Nimmersatt“

Zutaten für 4 Personen:

- 1 Packung (450 g) Pommes frites (z. B. extra lang)
- 3 Wiener Würstchen (à ca. 80 g)
- 1 Zwiebel
- 2 grüne Paprikaschoten
- 1 Dose (425 ml) Maiskörner
- 1 EL Butter/Margarine
- 1 TL Gemüsebrühe (Instant)
- Salz
- weißer Pfeffer
- 1 EL (20 g) Crème fraîche
- 3–4 EL Soßenbinder
- ½ Bund Petersilie

1. Pommes frites im vorgeheizten Backofen (E-Herd: 225 °C / Umluft: 200 °C / Gas: Stufe 4) 15–20 Minuten goldbraun backen. Zwischendurch einmal wenden.

2. Inzwischen Wurst in Scheiben schneiden. Zwiebel schälen und würfeln. Paprika putzen, waschen und in Stücke schneiden. Mais gut abtropfen lassen.

3. Fett in einer Pfanne erhitzen. Wurst darin anbraten, herausnehmen. Zwiebel im Bratfett glasig dünsten. Paprika und Mais zufügen, alles andünsten. Mit ⅜ l Wasser ablöschen und aufkochen. Brühe darin unter Rühren auflösen. Zugedeckt ca. 5 Minuten köcheln lassen.

4. Wurst wieder zufügen und kurz erhitzen. Alles mit Salz und Pfeffer abschmecken. Crème fraîche einrühren. Mit Soßenbinder binden. Petersilie waschen, hacken und darüberstreuen. Alles anrichten.

Zubereitungszeit ca. 30 Min.
Pro Portion ca. 570 kcal / 2390 kJ.
E 16 g, F 28 g, KH 59 g

Bunte Gemüse-Nudelpfanne

Zutaten für 4 Personen:

- 200 g Nudeln (z. B. Hörnchennudeln)
- Salz
- 2 Geflügelwürstchen (à ca. 80 g)
- 1 EL Öl
- 300 g TK-Balkangemüse
- 4 Eier
- ⅛ l Milch
- weißer Pfeffer
- Edelsüß-Paprika
- geriebene Muskatnuß
- evtl. etwas Petersilie zum Garnieren

1. Nudeln in leicht gesalzenem Wasser ca. 10 Minuten kochen. Inzwischen Würstchen in Scheiben schneiden. Im heißen Öl

anbraten. Gemüse zugeben und mitdünsten. Alles umrühren.

2. Nudeln abgießen. Vorsichtig unter das Gemüse heben und ca. 5 Minuten unter mehrmaligem Wenden mitbraten.

3. Eier und Milch verquirlen. Mit ½ TL Salz, Pfeffer, Paprika und Muskat würzen. Eiermilch in die Pfanne gießen. Zugedeckt bei schwacher Hitze ca. 15 Minuten stocken lassen.

4. Petersilie waschen und gut trockenschütteln. Die Nudelpfanne damit garnieren.

Zubereitungszeit ca. 30–35 Min.
Pro Portion ca. 500 kcal / 2100 kJ.
E 23 g, F 23 g, KH 47 g

Obstsalat mit Eissoße

Zutaten für 4 Personen:

- 250 ml Walnußeis
- 4–6 reife Pflaumen
- 200 g helle (evtl. kernlos) und dunkle Weintrauben
- 1 unbehandelte Zitrone
- 2 mittelgroße Bananen
- 1 großer säuerlicher Apfel
- 2 mittelgroße Birnen
- 1–2 EL flüssiger Honig oder Ahornsirup
- 12 Walnußkern-Hälften

1. Eis bei Zimmertemperatur antauen lassen. Inzwischen Früchte, bis auf die Bananen, waschen und abtropfen lassen. Pflaumen und Trauben entkernen. Pflaumen in sehr dünne Spalten schneiden, die Trauben halbieren.

2. Zitrone halbieren und den Saft auspressen. Bananen schälen und in Stücke schneiden. Sofort mit dem Zitronensaft beträufeln, damit sie nicht braun werden.

3. Apfel und Birnen entkernen und, bis auf zwei Birnenviertel, in

Würfel schneiden. Das ganze Obst gut mischen, mit Honig oder Ahornsirup beträufeln. Nochmals gut durchmischen und den Obstsalat in 4 Dessertschalen verteilen.

4. Das angetaute Eis mit dem Schneebesen kräftig durchrühren, bis es schön cremig ist. Die Eissoße über den Obstsalat gießen. Die übrigen Birnenviertel in je 2 Spalten schneiden. Den Obstsalat mit Birnen und Walnüssen garnieren.

Zubereitungszeit ca. 25 Min.
Pro Portion ca. 350 kcal / 1470 kJ.
E 4 g, F 11 g, KH 56 g

Hackröllchen auf Tomatenreis

Zutaten für 4 Personen:

- 1 EL Butter/Margarine
- 200 g Langkornreis
- 400 ml Gemüsebrühe (Instant)
- 1 Brötchen vom Vortag
- 1 mittelgroße Zwiebel
- 1 Knoblauchzehe
- 400 g Rinderhackfleisch
- 1 Ei
- 1–2 TL mittelscharfer Senf
- Salz
- weißer Pfeffer
- 3 EL Öl
- 1 Packung (500 g) stückige Tomaten
- 150 g TK-Erbsen
- ½ Bund Petersilie
- 1 Tomate

1. Fett in einem Topf zerlassen. Reis darin unter Rühren glasig andünsten. Brühe zugießen, alles aufkochen. Bei schwacher Hitze ca. 20 Minuten zugedeckt quellen lassen.

2. In der Zwischenzeit Brötchen in kaltem Wasser einweichen. Zwiebel und Knoblauchzehe schälen und fein hacken oder Knoblauch durch die Presse drücken. Brötchen ausdrücken und mit Hackfleisch, Zwiebel, Knoblauch, Ei und Senf verkneten. Den Hackteig kräftig mit Salz und Pfeffer würzen.

3. Aus dem Hackteig zwei ca. 20 cm lange Rollen formen. Jede Rolle mit einem Messer in 6 gleich lange Stücke schneiden. Evtl. je 3 Röllchen quer auf einen Spieß stecken und im heißen Öl etwa 10 Minuten unter Wenden braun braten.

4. Nach 15 Minuten Tomaten und Erbsen unter den Reis mischen. Petersilie waschen, trockenschütteln und hacken. Reis mit Salz und Pfeffer abschmecken. Tomate waschen und in Scheiben schneiden. Reis mit Petersilie und den Tomaten verzieren.

Zubereitungszeit ca. 30 Min.
Pro Portion ca. 700 kcal / 2940 kJ.
E 28 g, F 39 g, KH 53 g

Knusperkeulen mit Pommes frites

Zutaten für 4 Personen:

- 8 Hähnchenunterkeulen (à ca. 90 g)
- Öl fürs Backblech
- 1 Beutel (450 g) TK-Pommes-frites
- 1 Dose (212 ml) Maiskörner
- 1 Dose (425 ml) Kidney-Bohnen
- 1 Zwiebel
- 4 EL Tomatenketchup
- 1 TL Zucker
- 1 TL Essig
- 1 TL Öl
- Salz, weißer Pfeffer
- evtl. 4 Tomaten und 1 Bund Schnittlauch

1. Backofen vorheizen (E-Herd: 200 °C / Umluft: 175 °C / Gas: Stufe 3). Hähnchenkeulen waschen und trockentupfen. Backblech dünn mit etwas Öl einstreichen.

2. Hähnchenkeulen auf die eine Seite des Backblechs legen. Pommes frites auf die andere Seite geben. Ca. 25 Minuten backen. Nach ca. 15 Minuten die Pommes frites wenden.

3. Mais und Bohnen auf einem Sieb abtropfen lassen. Die Bohnen unter fließendem Wasser kurz abspülen. Zwiebel schälen und in feine Ringe schneiden.

4. Ketchup mit Zucker, Essig und Öl verrühren. Mit Salz und Pfeffer abschmecken. Mais, Bohnen und Zwiebel mit der Soße mischen.

5. Evtl. für die „Tomatengesichter" Tomaten und Schnittlauch waschen. Tomaten vom Stielansatz befreien und quer einschneiden. Schnittlauch kleinschneiden. Halme als Haare in die Tomatenöffnungen stecken. Je zwei Löcher als Augen hineinschneiden und Maiskörner hineinsetzen. Hähnchen und Pommes frites aus dem Ofen nehmen. Mit Salat und Tomaten anrichten.

Zubereitungszeit ca. 30 Min.
Pro Portion ca. 520 kcal / 2180 kJ.
E 42 g, F 11 g, KH 60 g

Knackiger Salatteller mit Ei

Zutaten für 4 Personen:

- 4 Eier
- 2–3 Möhren (ca. 250 g)
- 1 kleiner Kohlrabi (ca. 150 g)
- ½ Bund Radieschen
- ½ Salatgurke (ca. 175 g)
- ½ Kopfsalat
- 8 Scheiben (à 20 g) Geflügel-Jagdwurst
- 2 EL Sonnenblumenkerne
- 150 g Vollmilch-Joghurt
- 2 EL Öl
- etwas Zitronensaft
- Salz, weißer Pfeffer
- etwas Zucker
- ½ Bund Schnittlauch

1. Eier in kochendem Wasser ca. 10 Minuten hart kochen. In der Zwischenzeit Möhren und Kohlrabi schälen und waschen. Kohlrabi in kleine Stücke schneiden und die Möhren grob raspeln.

2. Eier herausnehmen, abschrecken und etwas auskühlen lassen. Radieschen und Gurke putzen, waschen und in dünne Scheiben schneiden. Salat waschen, trockenschütteln und in kleine Stücke zupfen. Wurstscheiben aufeinander legen und in schmale Streifen schneiden.

3. Sonnenblumenkerne in einer Pfanne ohne Fett anrösten, etwas abkühlen lassen. Joghurt und Öl verrühren. Mit Zitronensaft, Salz, Pfeffer und etwas Zucker abschmecken. Eier schälen und der Länge nach halbieren.

4. Möhren, Kohlrabi, Gurke und Radieschen auf 4 Teller verteilen. Die Joghurtsoße darübergeben und zwei Eihälften darauflegen. Schnittlauch waschen, trockenschütteln und in Röllchen schneiden. Mit Sonnenblumenkernen über den Salat streuen.

Zubereitungszeit ca. 30 Min.
Pro Portion ca. 230 kcal / 960 kJ.
E 11 g, F 16 g, KH 9 g

Schinken-Bananen mit Curry-Soße

Zutaten für 4 Personen:

- Salz
- 200 g Langkornreis
- 4 mittelgroße Bananen
- 4 dünne Scheiben (à ca. 30 g) gekochter Schinken
- ⅛ l Milch
- 1 Päckchen Soßenpulver für „Curry-Soße“ (für ¼ l Flüssigkeit)
- 2 EL (30 g) Butter/Margarine
- 1 kleine unbehandelte Zitrone
- evtl. Curry zum Bestäuben
- evtl. Petersilie zum Garnieren
- 4 Holzspießchen

1. Salzwasser zum Kochen bringen, Reis darin zugedeckt ca. 20 Minuten ausquellen lassen. In der Zwischenzeit Bananen schälen. Schinkenscheiben aufeinanderlegen und mit einem Messer in der Mitte einmal durchschneiden.

2. Schinken wieder zu einer Scheibe zusammenlegen, so daß sich die Hälften ca. 4 cm überlappen. Je eine Banane darauflegen und vorsichtig einrollen. Schinken mit einem Holzspießchen feststecken.

3. ⅛ l Wasser und Milch in einem kleinen Topf zum Kochen bringen. Soßenpulver einrühren, einmal aufkochen und ausquellen lassen.

4. Fett in einer großen Pfanne erhitzen. Bananen darin ca. 6 Minuten goldbraun braten. Reis abgießen. Für die „Zitronenfalter“ Zitrone in 4 Scheiben schneiden und halbieren. Schale für die „Fühler“ bis zur Mitte ablösen und wegbiegen. Bananen, Reis und Soße auf Tellern anrichten. Jeweils 2 halbe Zitronenscheiben mit der runden Seite als „Falter“ aneinanderlegen. Mit Curry und Petersilie verzieren.

Zubereitungszeit ca. 30 Min.
Pro Portion ca. 420 kcal / 1760 kJ.
E 15 g, F 10 g, KH 65 g

Lauter süße Sc
Traumhafte Desserts & Hauptg
mit Obst und Sahne

Topfen-Schmarren mit Früchten

Zutaten für 2–3 Personen:

- 1 Dose (425 ml) Aprikosen
- 150 g Heidelbeeren
- 1–2 EL Zitronensaft
- 3 Eier (Gr. M)
- 100 g Schlagsahne
- 200 g Magerquark
- 1 EL (ca. 20 g) Zucker
- 60 g Mehl
- ½ TL Backpulver
- 2 EL Mandelblättchen
- 3 EL Öl
- 2–3 EL Crème fraîche
- 1–2 TL Puderzucker
- evtl. Zitronenmelisse

1. Aprikosen abtropfen lassen, den Saft dabei auffangen. Aprikosen halbieren. Heidelbeeren verlesen, waschen. Früchte mit 6–7 EL Aprikosensaft und Zitronensaft mischen, ziehen lassen.

2. Eier trennen. Eigelb, Sahne, Quark und Zucker verrühren. Mehl und Backpulver mischen und unter die Ei-Quark-Masse rühren. Eiweiß steif schlagen und unter den Teig heben.

3. Mandeln in einer Pfanne goldbraun rösten, herausnehmen. 1 EL Öl in der Pfanne erhitzen. ⅓ Teig darin verteilen. Pfannkuchen von beiden Seiten goldbraun backen.

4. Mit 2 Gabeln in Stücke zupfen, noch ca. 1 Minute backen. Übrige

Schmarren ebenso backen. Mit Früchten, Mandeln, Crème fraîche, Puderzucker und evtl. Melisseblättchen anrichten.

Zubereitungszeit ca. 30 Min.
Pro Portion ca. 550 kcal / 2310 kJ.
E 13 g, F 31 g, KH 50 g

Erdbeer-Aprikosen-Quark

Zutaten für 4 Personen:

- 500 g Erdbeeren
- 150 g Aprikosen (aus der Dose)
- ca. 2 EL Zitronensaft
- 250 g Magerquark
- 1 EL (ca. 10 g) Zucker
- 1 Päckchen Vanillin-Zucker
- 100 g Schlagsahne
- evtl. Waffelröllchen zum Verzieren

1. Erdbeeren waschen, abtropfen lassen und putzen. Evtl. einige mit Grün zum Verzieren beiseite legen. Erdbeeren je nach Größe halbieren oder vierteln.

2. Aprikosen abtropfen lassen. Mit Zitronensaft verrühren und pürieren. Quark, Zucker und Vanillin-Zucker unterrühren. Sahne steif schlagen und unterheben.

3. Hälfte Erdbeeren und Quarkmasse mischen und in eine Schüssel füllen. Die übrigen Erdbeeren darauf anrichten. Evtl. mit Waffelröllchen verzieren.

Zubereitungszeit ca. 25 Min.
Pro Portion ca. 210 kcal / 880 kJ.
E 10 g, F 9 g, KH 21 g

Milchreis mit Kirschen

Zutaten für 4 Personen:

- ½ l Milch
- 1 unbehandelte Zitrone
- 2 EL Zucker
- 125 g 5-Minuten-Reis
- 2 Gläser (à 680 ml) Schattenmorellen
- 2 EL Speisestärke
- 1 Eiweiß
- 1 Packung (25 g) gehackte Pistazien
- Zimt zum Bestäuben

1. Milch in einem Topf bei mittlerer Hitze zum Kochen bringen. Inzwischen Zitrone heiß abwaschen. Schale spiralförmig abschälen. Mit Zucker zur Milch geben.

2. Reis einstreuen und unter gelegentlichem Rühren ca. 10 Minuten zugedeckt köcheln lassen.
Vom Herd nehmen und zugedeckt ca. 5 Minuten quellen lassen.

3. Inzwischen Kirschen in ein Sieb geben und abtropfen lassen.
Den Saft auffangen und aufkochen. Speisestärke mit 3 EL Wasser anrühren. In den Kirschsaft rühren und damit binden. Kirschen unterheben und etwas abkühlen lassen.

4. Zitronenschale aus dem Reis nehmen. Eiweiß sehr steif schlagen und unter den Reis heben. Kirschen und Milchreis auf Tellern anrichten. Mit Pistazien und Zimt bestreuen.

Zubereitungszeit ca. 20 Min.
Pro Portion ca. 590 kcal / 2470 kJ.
E 19 g, F 8 g, KH 106 g

EXTRA-TIP

Ein feines Vanillearoma bekommen die Früchte, wenn Sie sie statt mit Stärke mit ½ Päckchen Vanillepuddingpulver (zum Kochen; für 250 ml Milch) leicht andicken.

Joghurt-Kaltschale mit Erdbeeren

Zutaten für 4 Personen:

- 250 g Erdbeeren
- 125 g Himbeeren
- 3 EL Zucker
- 1 Dose (425 ml) Pfirsiche
- 600 g Vollmilch-Joghurt
- 1 unbehandelte Zitrone
- 150 g Knusper-Flakes (knusprige Getreidekost mit Mandeln)
- evtl. Zitronenmelisse zum Garnieren

1. Erdbeeren waschen, putzen und kleinschneiden. Himbeeren verlesen und evtl. abspülen.

Beides mit 2 EL Zucker mischen und kurz ziehen lassen.

2. In der Zwischenzeit Pfirsiche in einem Sieb abtropfen lassen, Saft dabei auffangen. Pfirsiche in Spalten schneiden. Zitronenschale abreiben und den Saft auspressen.

3. Joghurt mit 1 EL Zucker, Pfirsichsaft, Zitronenschale und Zitronensaft verrühren. Die Kaltschale mit Früchten und Knusper-Flakes anrichten. Evtl. mit Zitronenmelisse garnieren.

Zubereitungszeit ca. 30 Min.
Pro Portion ca. 390 kcal / 1630 kJ.
E 10 g, F 11 g, KH 59 g

Trauben-Mascarpone-Becher

Zutaten für 4 Personen:

- 80 g Amarettini (italienisches Mandelgebäck)
- 375 g kernlose grüne Weintrauben
- 100 g Mascarpone (italienischer Doppelrahm-Frischkäse)
- 250 g Magerquark
- 5–6 EL Milch
- 2 EL Zucker
- abgeriebene Schale von ½ unbehandelten Zitrone
- 2 EL Zitronensaft
- 75 g Schlagsahne

1. Amarettini, bis auf 4 Stück zum Verzieren, etwas zerbröseln.

2. Weintrauben waschen, abtropfen lassen und von den Stielen zupfen. Einige zum Verzieren beiseite legen. Die übrigen Trauben nach Belieben halbieren.

3. Mascarpone, Quark, Milch, Zucker, Zitronenschale und -saft verrühren. Sahne steif schlagen und vorsichtig unterheben.

4. Keksbrösel, bis auf einen EL zum Verzieren, Mascarpone-Creme und Weintrauben in 4 hohe Gläser schichten. Mit Weintrauben, den Amarettini-Bröseln und den ganzen Keksen verzieren.

Zubereitungszeit ca. 30 Min.
Pro Portion ca. 380 kcal / 1590 kJ.
E 12 g, F 21 g, KH 32 g

EXTRA-TIP

Besonders raffiniert wird es für „große" Genießer, wenn Sie die Amaretti-Brösel mit 1–2 EL Amaretto-Likör beträufeln und diese dann kurz ziehen lassen.

Rote Grütze mit Sahne

Zutaten für 4 Personen:

- 200 g Erdbeeren
- je 150 g Himbeeren und rote Johannisbeeren
- 100 g Sauerkirschen
- ¼ l Kirsch-Fruchtsaft
- etwas Bittermandel-Aroma
- Schale von 1 unbehandelten Zitrone
- 20 g Speisestärke oder 2–3 g pflanzliches Bindemittel (z. B. Agar-Agar)
- 1–2 EL Zucker
- 100 g Schlagsahne
- evtl. Gebäck zum Garnieren

1. Alle Früchte waschen und abtropfen lassen. Erdbeeren putzen. Johannisbeeren mit Hilfe einer

Gabel von den Rispen streifen. Kirschen entsteinen.

2. Kirschsaft, bis auf 6 EL, Aroma und Zitronenschale aufkochen. Stärke und Rest Kirschsaft glattrühren, in den Saft rühren (pflanzliches Bindemittel unangerührt einstreuen). Aufkochen und ca. 3 Minuten köcheln lassen.

3. Früchte, bis auf einige zum Garnieren, unterheben. Mit Zucker süßen. Zitronenschale entfernen. Grütze etwas abkühlen lassen.

4. Sahne halbsteif schlagen und daraufgeben. Mit Früchten und evtl. mit Gebäck garnieren.

Zubereitungszeit ca. 30 Min.
Pro Portion ca. 150 kcal / 630 kJ.
E 2 g, F 8 g, KH 17 g

Apfelsuppe mit Schneeklößchen

Zutaten für 4 Personen:

- 2 mittelgroße säuerliche Äpfel (z. B. Boskop)
- 40 g Rosinen
- 2 EL (25 g) Speisestärke
- 700 ml naturtrüber Apfelsaft
- 2 EL Zucker
- dünn abgeschälte Schale von ½ unbehandelten Zitrone
- 1 Eiweiß
- ½ TL Zitronensaft
- gemahlener Zimt
- evtl. Zitronenmelisse zum Verzieren

1. Äpfel waschen, vierteln und entkernen. Apfelviertel in dünne Spalten schneiden.

2. Rosinen waschen. Speisestärke und 2 EL Apfelsaft glattrühren. Rest Apfelsaft, Apfelspalten, 1 EL Zucker, Rosinen und Zitronenschale in einem Topf aufkochen. Stärke in die Suppe einrühren und nochmals aufkochen lassen.

3. Eiweiß, 1 EL Zucker und Zitronensaft sehr steif schlagen. Mit 2 Teelöffeln kleine Klößchen formen und auf die heiße, aber nicht mehr kochende Suppe setzen. Die Klößchen zugedeckt 5–7 Minuten gar ziehen lassen.

4. Die Apfelsuppe mit den Schneeklößchen lauwarm in tiefen Tellern anrichten und mit Zimt bestreuen. Evtl. mit Zitronenmelisse verzieren.

Zubereitungszeit ca. 25 Min.
Pro Portion ca. 180 kcal / 750 kJ.
E 1 g, F 1 g, KH 40 g

EXTRA-TIP

Die Schneeklößchen gelingen am besten, wenn man sie mit 2 Teelöffeln absticht. Die Löffel vorher in kaltes Wasser tauchen, dann bleiben die Klößchen nicht daran haften.

Schmandcreme auf Himbeeren

Zutaten für 4 Personen:

- 2 EL (ca. 25 g) kernige Haferflocken
- 250 g frische oder TK-Himbeeren
- 300 g Vollmilch-Joghurt
- 2–3 TL flüssiger Honig
- 1 Päckchen Bourbon-Vanillezucker
- 250 g Schmand oder Schlagsahne
- 4 TL Himbeer- oder Kirschkonfitüre
- evtl. Zitronenmelisse zum Verzieren

1. Haferflocken in einer Pfanne ohne Fett unter gelegentlichem Wenden rösten. Herausnehmen und auskühlen lassen.

2. Frische Himbeeren verlesen, vorsichtig waschen und gut abtropfen lassen (tiefgefrorene Früchte auftauen).

3. Joghurt, Honig und Vanillezucker verrühren. Schmand oder Schlagsahne mit den Schneebesen des Handrührgerätes cremig aufschlagen und locker unter den Joghurt heben.

4. Himbeeren, bis auf einige zum Verzieren, in Glasschälchen verteilen und die Schmandcreme daraufgeben. Jeweils 1 TL Konfitüre in die Mitte der Creme rühren und mit den Haferflocken bestreuen.
Mit übrigen Himbeeren und evtl. Melisse-Blättchen verzieren.

Zubereitungszeit ca. 20 Min.
Pro Portion ca. 290 kcal / 1210 kJ.
E 7 g, F 16 g, KH 27 g

Kuchen &

Aprikosen-Kirsch-Kuchen

Zutaten für ca. 20 Stücke:

- 3 Dosen (à 425 ml) Aprikosen
- 1 Glas (720 ml) Kirschen
- 175 g weiche Butter/Margarine
- 250 g Zucker
- 1 Prise Salz
- 6 Eier (Gr. M)
- 300 g Mehl
- 1 Päckchen Backpulver
- 6 EL Milch
- Fett für die Fettpfanne
- Puderzucker zum Bestäuben

1. Aprikosen und Kirschen auf einem Sieb abtropfen lassen. Fett, Zucker und Salz mit den Schneebesen des Handrührgerätes schaumig schlagen. Eier einzeln unterrühren. Mehl und Backpulver mischen, sieben und unterrühren. Milch unterrühren.

2. Den Rührteig auf eine gefettete Fettpfanne (ca. 32 x 39 cm) streichen. Aprikosen und Kirschen darauf verteilen. Den Kuchen im vorgeheizten Backofen (E-Herd: 175 °C/ Umluft: 150 °C / Gas: Stufe 2) ca. 40 Minuten backen. Dann auskühlen lassen.

3. Den Kuchen vor dem Servieren in Stücke schneiden und mit Puderzucker bestäuben. Dazu schmeckt Schlagsahne.

Zubereitungszeit ca. 20 Min. (ohne Wartezeit).
Backzeit ca. 40 Min.
Pro Stück ca. 250 kcal / 1050 kJ.
E 4 g, F 10 g, KH 34 g

kochen & genießen

Blitzschnell gekocht

MOEWIG

Redaktion kochen & genießen
Gertraud Schwillo (Chefredaktion)
Annette Sabersky (Konzeption & Text)
Heidrun Bobeth, Kathrin Ehlers,
Sophie Mehrkens, Hanne Tauscher

Layout: Marion Müller

Fotos: City Food & Foto, Hamburg

www.MOEWIG.de

Printed in Germany

ISBN 3-8118-1544-X

Schnell gezaubert & einfach lecker

Auch wenn man sehr gern mit Muße kocht – manchmal muß es einfach schnell gehen. Da ist dieses Buch genau das richtige: Es bietet Ihnen die besten Blitz-Gerichte aus der Zeitschrift kochen & genießen. Die machen kaum Arbeit, stehen in gut einer halben Stunde auf dem Tisch und schmecken garantiert der ganzen Familie, Freunden und Bekannten.

Ganz gleich, worauf Sie und Ihre Lieben Appetit haben: Hier finden Sie „rasante" Rezepte für jede Gelegenheit und jeden Geschmack. Leckeres für Kinder, die hungrig aus der Schule kommen. Herzhaftes oder Leichtes für den Alltag und Raffiniertes für Gäste – von der tollen Pasta bis zum saftigen Blechkuchen.

Dabei können Sie sicher sein: Die Zubereitung geht leicht von der Hand, und alle Speisen gelingen Ihnen bestens, denn sie wurden in unserer Versuchsküche getestet. Dabei haben wir auch darauf geachtet, daß die Zutaten überall erhältlich sind – so kostet Sie schon der Einkauf nicht unnötig viel Zeit.

Wir wünschen Ihnen viel Spaß beim Kochen.

Ihre Redaktion
kochen & genießen

Schnelle Küche

Inhalt

Schnelle Küche

Ob Pikantes aus der Pfanne oder süßes Dessert – auch eine schnelle Küche kann viel bieten. Und wenn alles ruck, zuck auf dem Tisch steht, bleibt genügend Zeit zum Essen und Genießen

NATÜRLICH: FAST FOOD

Für Blitz-Gerichte benötigt man keine speziellen Lebensmittel. Denn auch viele frische Zutaten brauchen nicht lange, bis sie gar sind. Nudeln, Reis und Kartoffeln stehen in kurzer Zeit auf dem Tisch. Broccoli, Frühlingszwiebeln, Paprika, Lauch, Stangensellerie oder Zucchini lassen sich im Handumdrehen dünsten. Frisches kann auch mit Vorgefertigtem wie TK-Gemüse oder Hülsenfrüchten aus der Dose kombiniert werden, die man gut im Vorrat haben kann. Auch Schnitzel, Kotelett, Bratwurst, Hackfleisch, Steak und Filet sind in wenigen Minuten gebrutzelt. Schinken, Speck, Wurst und Käse verfeinern das Rührei oder würzen Kartoffelgerichte im Nu.

Wer es gerne knackig frisch mag, schnippelt Gurke, Tomaten, Radieschen, Radicchio und Kopf- oder Eissalat in die Salatschüssel, verfeinert das ganze mit einer Essig-Öl-Marinade und streut einfach ein paar frische gehackte Kräuter darüber.

Äpfel, Birnen, Pfirsiche, Pflaumen & Co. schmecken entweder „pur“. Oder Sie zaubern daraus köstliche Obstkuchen, Desserts und Hauptgerichte.

Fix was Gutes

Aus dem Vorrat auf den Tisch

Wenn einmal keine Zeit zum Einkaufen bleibt, ist ein kleiner Lebensmittelvorrat praktisch. So ist es immer gut, TK-Gemüse und TK-Kräuter zur Hand zu haben. Ebenso sind Konserven wie Würstchen, Thunfisch, geschälte Tomaten, Mais, Hülsenfrüchte (Erbsen, Linsen, Bohnen) und Pilze eine gute Küchenhilfe.

● Für Desserts sollte man immer Dosen mit Obst (Ananas, Birnen, Kirschen, Pflaumen, Pfirsiche und Mandarinen) parat stehen haben.

● In der schnellen Kartoffelküche sind Püree, Knödel, Rösti und Kartoffelpuffer eine super Hilfe.

● Unerläßlich: Soßenbinder, Gemüse-, Hühner- und Fleischbrühe, haltbare Sahne und H-Milch sowie Gemüsesäfte für Suppen.

GESUNDER GENUSS AUS DER KÄLTE

Schnelle Küche und gesunde Ernährung müssen sich nicht ausschließen. Zwar sollten in einer ausgewogenen Ernährung möglichst viele Lebensmittel frisch eingekauft und gegessen werden. Doch es gibt auch gesunde vorgefertigte Produkte. Manche sind den frischen Nahrungsmitteln sogar überlegen.

Tiefgefrorener Spinat zum Beispiel kann mehr Vitamin C enthalten als frischer Spinat. Denn er wird direkt nach der Ernte blanchiert und eingefroren. So bleiben die empfindlichen Vitamine besser erhalten, als wenn das Grünzeug ohne Kühlung lange Zeit im Supermarkt liegt, an warmen Tagen auf dem Markt in der Mittagshitze angeboten oder zu Hause nicht gleich verbraucht wird (siehe Grafik).

Vitamin C-Gehalt von Spinat bei unterschiedlichen Temperaturbedingungen

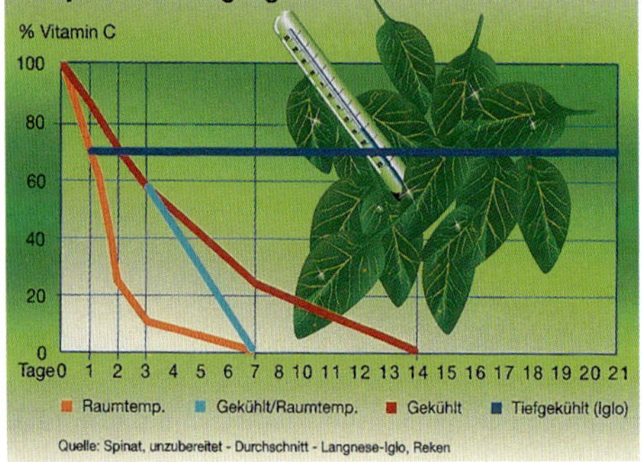

Quelle: Spinat, unzubereitet - Durchschnitt - Langnese-Iglo, Reken